ビジネス・キャリア®検定試験 過去問題集 解説付き

BUSINESS CAREER

財務管理 2級 3級

山田 庫平　清松 敏雄 ●監修
ビジネス・キャリア®検定試験研究会 ●編著

JN194640

一般社団法人 雇用問題研究会 ●発行

●はじめに

　ビジネス・キャリア®検定試験（ビジキャリ）は、技能系職種における技能検定（国家検定）と並び、事務系職種に従事する方々が職務を遂行するうえで必要となる、専門知識の習得と実務能力の評価を行うことを目的とした中央職業能力開発協会（JAVADA）が行う公的資格試験です。

　ビジキャリは、厚生労働省が定める事務系職種の職業能力評価基準（http://www.hyouka.javada.or.jp/）に準拠しており、人事・人材開発・労務管理、経理・財務管理から、営業・マーケティング、経営戦略、さらには、生産管理、ロジスティクスまで、全8分野の幅広い職種をカバーしていることから、様々な目的に応じた自由度の高いキャリア形成・人材育成が可能であり、多くの方々に活用されております。

　本書は、過去にビジネス・キャリア®検定試験で実際に出題された問題から各試験分野の等級ごとに100問をピックアップし、正解を付して解説を加えたものです。

　ビジキャリ2級・3級の受験者の方々が、学習に際して本書を有効に活用され、合格の一助となれば幸いです。

　最後に、本書の刊行にあたり、ご多忙の中ご協力いただきました関係各位に対し、厚く御礼申し上げます。

平成 30 年 5 月

一般社団法人 雇用問題研究会

ビジネス・キャリア®
検定試験
過去問題集 解説付き

財務管理 2級 3級

● もくじ

標準テキスト及び試験範囲と本書に掲載されている試験問題の対応表

　3級 …………………………………………………………………………… 6

　2級 …………………………………………………………………………… 8

本書の構成 …………………………………………………………………… 12

●3級

過去問題編 …………………………………………………………………… 17

解答・解説編 ………………………………………………………………… 95

●2級

過去問題編 ……………………………………………………………………167

解答・解説編 …………………………………………………………………285

●標準テキスト及び試験範囲と本書に掲載されている試験問題の対応表

財務管理3級

標準テキスト（第2版）			
第1章 財務管理の基礎知識	第1節 財務管理の概要		
	第2節 企業の資金調達方法		
	第3節 財務諸表の基礎知識		
第2章 財務諸表分析	第1節 財務諸表分析総論	1	財務諸表分析の目的
		2	財務諸表分析における検討事項
	第2節 収益性分析（売上高収益性）	1	売上高収益性分析の意義
		2	売上高収益性分析のための指標
	第3節 収益性分析（資本収益性）	1	資本収益性分析の意義
		2	資本収益性分析のための指標
	第4節 安全性分析	1	安全性分析の意義
		2	安全性分析のための指標
	第5節 効率性分析	1	効率性分析の意義
		2	効率性分析のための指標
		3	キャッシュ・コンバージョン・サイクル
	第6節 成長性分析	1	成長性分析の意義
		2	成長性分析のための指標
第3章 現金・預金・ 金銭債権等の管理	第1節 現金と預金の管理	1	現金の管理
		2	預金の種類
		3	預金管理
	第2節 小切手・手形取引	1	小切手
		2	約束手形
		3	為替手形
		4	小切手・手形の不渡り
	第3節 金銭債権と金銭債務	1	信用取引と金銭債権・金銭債務
		2	与信管理の必要性
	第4節 預金・現金・金銭債権・金銭債務に 関する会計処理と帳簿等	1	現金の会計処理
		2	預金の会計処理と預金出納帳
		3	当座預金独特の会計処理と銀行勘定調整表
		4	金銭債権・金銭債務等の会計処理
第4章 資金繰り表とキャッ シュ・フロー計算書	第1節 資金管理の必要性	1	資金管理の必要性
		2	資金繰りでの検討事項
		3	資金繰りの項目別検討事項
	第2節 資金繰り表の作成	1	資金繰り表の作成と管理
		2	実績資金繰り表の作成
	第3節 キャッシュ・フロー計算書の基礎	1	キャッシュ・フローの定義
		2	キャッシュ・フロー計算書の表示区分
		3	キャッシュ・フロー計算書の作成
		4	キャッシュ・フロー計算書の読み方
	第4節 見積資金繰り表の作成	1	見積資金繰り表の作成
		2	見積資金繰り表から実績・見積資金繰り表へ
第5章 現在価値計算	第1節 現在価値計算の意味	1	貨幣の時間価値
		2	正味現在価値
	第2節 投資計算	1	設備投資案の評価に必要な情報
		2	回収期間法
		3	投資利益率法
		4	正味現在価値法
		5	内部収益率法
		6	正味現在価値法と内部収益率法の比較
第6章 金融資産への投資	第1節 資産価値評価の基本	1	価値評価と現在価値
		2	投資におけるリスクと価値評価
	第2節 金融資産への投資	1	金融商品の種類
		2	金融商品への投資
	第3節 株式投資と債券投資	1	株式投資
		2	債券投資

＊標準テキストの章立てについては、学習のしやすさ、理解促進を図る観点から、一部、試験範囲の項目が組替・包含されている場合
　等があります。

6

* 標準テキストおよび試験範囲は改訂されている場合があります。最新のものはこちら
（http://www.koyoerc.or.jp/publication/businesscareer/table.html）をご確認ください。

試験範囲（出題項目）				本書の問題番号
A	財務管理の基礎知識	1	財務管理の概要	1〜4
		2	企業の資金調達方法	
			1 株式会社制度と資金調達	
			2 資金調達方法の分類	
		3	財務諸表の基礎知識	
			1 財務諸表の基礎知識	
B	財務諸表分析	1	財務諸表分析総論	5
			1 財務諸表分析の目的	
			2 財務諸表分析における検討事項	
		2	収益性分析（売上高収益性）	6
			1 売上高収益性分析の意義	
			2 売上高収益性分析のための指標	
		3	収益性分析（資本収益性）	7〜9
			1 資本収益性分析の意義	
			2 資本収益性分析のための指標	
		4	安全性分析	10〜11
			1 安全性分析の意義	
			2 安全性分析のための指標	
		5	効率性分析	12〜13
			1 効率性分析の意義	
			2 効率性分析のための指標	
			3 キャッシュ・コンバージョン・サイクル	
		6	成長性分析	14〜15
			1 成長性分析の意義	
			2 成長性分析のための指標	
C	現金・預金・金銭債権等の管理	1	現金と預金の管理	16〜20
			1 現金の管理	
			2 預金の種類	
			3 預金管理	
		2	小切手・手形取引	21〜29
			1 小切手	
			2 約束手形	
			3 為替手形	
			4 小切手・手形の不渡り	
		3	金銭債権と金銭債務	30〜34
			1 信用取引と金銭債権・金銭債務	
			2 与信管理の必要性	
		4	預金・現金・金銭債権・金銭債務に関する会計処理と帳簿等	35〜45
			1 現金の会計処理	
			2 預金の会計処理と預金出納帳	
			3 当座預金独特の会計処理と銀行勘定調整表	
			4 金銭債権・金銭債務等の会計処理	
D	資金繰り表とキャッシュ・フロー計算書	1	資金管理の必要性	46〜53
			1 資金管理の必要性	
			2 資金繰りでの検討事項	
			3 資金繰りの項目別検討事項	
		2	資金繰り表の作成	54〜57
			1 資金繰り表の作成と管理	
			2 実績資金繰り表の作成	
		3	キャッシュ・フロー計算書の基礎	58〜69
			1 キャッシュ・フローの定義（キャッシュの定義）	
			2 キャッシュ・フロー計算書の表示区分	
			3 キャッシュ・フロー計算書の作成	
			4 キャッシュ・フロー計算書の読み方	
		4	見積資金繰り表の作成	70〜73
			1 見積資金繰り表の作成	
			2 見積資金繰り表から実績・見積資金繰り表へ	
E	現在価値計算	1	現在価値計算の意味	74〜78
			1 貨幣の時間価値	
			2 正味現在価値	
		2	投資計算	79〜88
			1 設備投資案の評価に必要な情報	
			2 回収期間法	
			3 投資利益率法	
			4 正味現在価値法	
			5 内部収益率法	
			6 正味現在価値法と内部収益率法の比較	
F	金融資産への投資	1	資産価値評価の基本	89〜90
			1 価値評価と現在価値	
			2 投資におけるリスクと価値評価	
		2	金融資産への投資	91〜97
			1 金融商品の種類	
			2 金融商品への投資	
		3	株式投資と債券投資	98〜100
			1 株式投資	
			2 債券投資	

* 試験範囲の詳細は、中央職業能力開発協会ホームページ（http://www.javada.or.jp/jigyou/gino/business/keiri.html）をご確認ください。

●標準テキスト及び試験範囲と本書に掲載されている試験問題の対応表
財務管理2級

標準テキスト（第2版）				
第1章 資金調達・資金運用	第1節 資金計画	1	資金	
		2	資金計画の必要性	
	第2節 資金調達	1	資金調達の目的	
		2	資金調達の種類	
	第3節 資金運用	1	資金運用の目的	
		2	キャッシュ・マネジメント	
		3	設備投資と研究開発投資	
	第4節 金融市場	1	短期金融市場	
		2	資本市場	
		3	外国為替市場	
		4	デリバティブ市場	
	第5節 資産および企業の市場価値	1	資本コスト	
		2	資産評価	
		3	企業価値の評価	
	第6節 設備投資の財務評価	1	設備投資——新規投資と取替投資	
		2	設備投資の意思決定と財務評価の留意点	
		3	設備投資の評価方法	
		4	その他の評価方法（PFI・ファイナンス）	
	第7節 リスク管理	1	信用リスクの管理	
		2	金利と通貨リスクの管理	
		3	ポートフォリオのリスク管理	
第2章 原価計算	第1節 標準原価計算	1	標準原価計算の意義	
		2	標準原価計算の目的	
		3	標準原価の種類	
		4	標準原価の設定	
		5	標準原価差異の算定と分析	
		6	標準原価計算の勘定記入	
		7	標準原価差異の会計処理	
		8	標準原価の改訂	
	第2節 原価の固変分解の意義	1	原価の固変分解の意義	
		2	原価の固変分解の方法	
	第3節 CVP分析	1	CVP分析の意義	
		2	損益分岐点図表	
		3	損益分岐点分析の計算	
		4	損益分岐点分析の仮定	
		5	CVPの感度分析	
		6	多品種製品のCVP分析	
	第4節 直接原価計算	1	直接原価計算の意義	
		2	直接原価計算の利用目的	
		3	全部原価計算による営業利益と直接原価計算による営業利益	
		4	直接原価計算における固定費調整	
		5	直接標準原価計算	
		6	貢献利益法とセグメント別損益計算	
		7	直接原価計算による価格決定	
		8	最適セールス・ミックスの決定	
	第5節 事業部の業績測定	1	事業部の意義	
		2	事業部制における業績評価	
		3	事業部制における内部振替価格	
	第6節 営業費の管理	1	営業費のコスト・コントロール	
		2	営業費分析	
	第7節 業務執行的意思決定と差額原価収益分析	1	業務執行的意思決定の意義	
		2	差額原価収益分析の意義	
		3	業務執行的意思決定のための差額原価収益分析の方法	

10ページに続く

*標準テキストおよび試験範囲は改訂されている場合があります。最新のものはこちら
（http://www.koyoerc.or.jp/publication/businesscareer/table.html）をご確認ください。

試験範囲（出題項目）			本書の問題番号
A　資金調達・資金運用	1　資金計画	1　資金 2　資金計画の必要性	1〜5
^	2　資金調達	1　資金調達の目的 2　資金調達の種類	6〜10
^	3　資金運用	1　資金運用の目的 2　キャッシュ・マネジメント 3　設備投資と研究開発投資	11〜12
^	4　金融市場	1　短期金融市場 2　資本市場 3　外国為替市場 4　デリバティブ市場	13〜16
^	5　資産および企業の市場価値	1　資本コスト 2　資産評価 3　企業価値の評価	17〜21
^	6　設備投資の財務評価	1　設備投資——新規投資と取替投資 2　設備投資の意思決定と財務評価の留意点 3　設備投資の評価方法 4　その他の評価方法（PFI・ファイナンス）	22
^	7　リスク管理	1　信用リスクの管理 2　金利と通貨リスクの管理 3　ポートフォリオのリスク管理	23〜24
B　原価計算	1　標準原価計算	1　標準原価計算の意義 2　標準原価計算の目的 3　標準原価の種類 4　標準原価の設定 5　標準原価差異の算定と分析 6　標準原価計算の勘定記入 7　標準原価差異の会計処理 8　標準原価の改訂	25〜32
^	2　原価の固変分解の意義	1　原価の固変分解の意義 2　原価の固変分解の方法	33〜34
^	3　CVP分析	1　CVP分析の意義 2　損益分岐点図表 3　損益分岐点分析の計算 4　損益分岐点分析の仮定 5　CVPの感度分析 6　多品種製品のCVP分析	35〜45
^	4　直接原価計算	1　直接原価計算の意義 2　直接原価計算の利用目的 3　全部原価計算による営業利益と直接原価計算による営業利益 4　直接原価計算における固定費調整 5　直接標準原価計算 6　貢献利益法とセグメント別損益計算 7　直接原価計算による価格決定 8　最適セールス・ミックスの決定	46〜53
^	5　事業部の業績測定	1　事業部の意義 2　事業部制における業績評価 3　事業部制における内部振替価格	54〜58
^	6　営業費の管理	1　営業費のコスト・コントロール 2　営業費分析	59〜61
^	7　業務執行的意思決定と差額原価収益分析	1　業務執行的意思決定の意義 2　差額原価収益分析の意義 3　業務執行的意思決定のための差額原価収益分析の方法	62〜64

11ページに続く

標準テキスト（第2版）				
第2章 原価計算	第8節	戦略的コスト・マネジメント	1 2 3	原価企画 ABC（活動基準原価計算）/ABM（活動基準管理） BSC
第3章 予算管理	第1節	予算管理の意義と機能	1 2	予算管理の意義 予算管理の機能
	第2節	予算管理と会社組織	1 2	管理責任の確立と責任会計 予算管理組織
	第3節	予算の種類と体系	1 2	予算の種類 予算の体系
	第4節	予算編成手続	1 2 3 4 5 6	予算編成の流れ 大綱的利益計画の策定 予算編成方針の作成 部門予算案の作成 総合予算案の作成 修正予算案の作成
	第5節	各種予算の編成	1 2 3 4 5 6 7	損益予算の意義と構成 販売予算案の編成 製造予算案の編成 資金予算案の編成 資本予算案の編成 その他の予算案の編成 見積財務諸表の意義と作成
	第6節	予算統制と予算実績差異分析	1 2 3 4 5	予算統制の意義 予算実績差異分析 総合予算の差異分析 部門予算の差異分析 予算報告書
第4章 経営分析	第1節	経営分析の意義	1	経営分析の意義
	第2節	分析のための経営指標	1 2 3 4 5 6 7	経営分析のための資料 収益性の分析に使う経営指標 安全性の分析に使う経営指標 成長性の分析に使う経営指標 生産性の分析に使う経営指標 回転率・回転期間の分析に使う経営指標 その他の指標
	第3節	問題発見の課題解決	1 2 3 4 5 6	収益性の分析 安全性の分析 成長性の分析（持続的成長） 生産性の分析 回転率・回転期間の分析 総合的な評価

＊標準テキストの章立てについては、学習のしやすさ、理解促進を図る観点から、一部、試験範囲の項目が組替・包含されている場合等があります。

財務管理 2級

	試験範囲（出題項目）				本書の問題番号
B 原価計算	8	戦略的コスト・マネジメント	1 2 3	原価企画 ABC（活動基準原価計算）/ABM（活動基準管理） BSC	65～69
C 予算管理	1	予算管理の意義と機能	1 2	予算管理の意義 予算管理の機能	70～72
	2	予算管理と会社組織	1 2	管理責任の確立と責任会計 予算管理組織	73～74
	3	予算の種類と体系	1 2	予算の種類 予算の体系	75
	4	予算編成手続	1 2 3 4 5 6	予算編成の流れ 大綱的利益計画の策定 予算編成方針の作成 部門予算案の作成 総合予算案の作成 修正予算案の作成	76～78
	5	各種予算の編成	1 2 3 4 5 6 7	損益予算の意義と構成 販売予算案の編成 製造予算案の編成 資金予算案の編成 資本予算案の編成 その他の予算案の編成 見積財務諸表の意義と作成	79～83
	6	予算統制と予算実績差異分析	1 2 3 4 5	予算統制の意義 予算実績差異分析 総合予算の差異分析 部門予算の差異分析 予算報告書	84～86
D 経営分析	1	経営分析の意義	1	経営分析の意義	87～88
	2	分析のための経営指標	1 2 3 4 5 6 7	経営分析のための資料 収益性の分析に使う経営指標 安全性の分析に使う経営指標 成長性の分析に使う経営指標 生産性の分析に使う経営指標 回転率・回転期間の分析に使う経営指標 その他の指標	89～91
	3	問題発見と課題解決	1 2 3 4 5 6	収益性の分析 安全性の分析 成長性の分析（持続的成長） 生産性の分析 回転率・回転期間の分析 総合的な評価	92～100

＊試験範囲の詳細は、中央職業能力開発協会ホームページ（http://www.javada.or.jp/jigyou/gino/business/keiri.html）をご確認ください。

11

●本書の構成

本書は、「過去問題編」と「解答・解説編」の２部構成となっています。
ビジネス・キャリア®検定試験において過去に出題された問題から100問をピックアップ。問題を「過去問題編」に、各問についての解答及び出題のポイントと解説を「解答・解説編」に収録しています。
発刊されている「ビジネス・キャリア®検定試験 標準テキスト」（中央職業能力開発協会 編）を併用しながら学習できるように、問題の内容に対応する標準テキストの該当箇所も示しています。
各ページの紙面構成は次のようになっています。

過去問題編

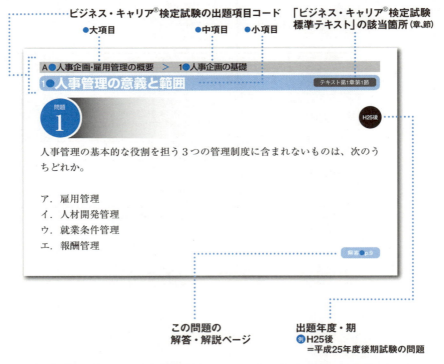

＊検定試験の出題項目コード及び標準テキストの該当箇所については、該当するものが必ずしも単一であるとは限らないため、最も内容が近いと思われるコード、章・節を参考として示しています。

解答・解説編

・・・ 正解の選択肢
・・・ 出題のポイント（この問題でどのような内容が問われているか）

A●人事企画・雇用管理の概要　＞　1●人事企画の基礎
1● **人事管理の意義と範囲**　　　　テキスト第1章第1節

問題1　解答

H25後

正　解　イ

ポイント　人事管理を構成する諸制度の基本的な理解度を問う。

解　説
ア．含まれる。職場や仕事に人材を供給するための管理機能を担う。①採用管理、②配置・異動管理、③人材開発管理、④雇用調整・退職管理、のサブシステムからなる。
イ．含まれない。雇用管理を構成するサブシステムの1つである。
ウ．含まれる。働く環境を管理する機能を担う。①労働時間管理、②安全衛生管理、のサブシステムからなる。
エ．含まれる。給付する報酬を管理する機能を担う。①賃金管理、②昇進管理、③福利厚生管理、のサブシステムからなる。

　人事管理の基本的な役割を担う3つの管理制度（雇用管理、就業条件管理、報酬管理）と、基盤システム、サブシステムとの連関は、次の図のとおり。

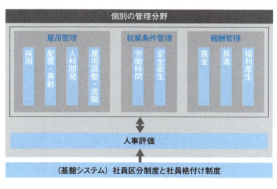

・・・ 設問の**各選択肢について正誤根拠を示す**とともに、**学習するうえで重要な点など**について解説しています。

ビジネス・キャリア®
検定試験
過去問題集 解説付き

BUSINESS CAREER

財務管理 3級

問題文及び解説文に適用されている法令等の名称や規定は、出題時以降に改正され、それに伴い正解や解説の内容も変わる場合があります。

財務管理 3級

ビジネス・キャリア®検定試験
過去問題編

過去問題編

A ● 財務管理の基礎知識

テキスト第1章

株式会社制度及び株式会社の財務諸表に関する記述として適切なものは、次のうちどれか。

ア．債権者は企業に出資をしている以上、事前の契約で定められた時点で出資額の返済を受けることができる。
イ．普通株式を保有する株主は、定期的に利息を受け取ることができる。
ウ．損益計算書において当期純利益を算定・表示する過程で、営業利益に加減算するのは特別損益と法人税等である。
エ．貸借対照表は企業の財政状態を示すものであり、バランスシートと呼ばれる。

解答 p.96

問題 2

株式会社の資金調達方法に関する記述として適切なものは、次のうちどれか。

ア．銀行借入れはデット・ファイナンスであり、間接金融に該当する。株式発行はエクイティ・ファイナンスであり、直接金融に該当する。
イ．社債発行はデット・ファイナンスであり、間接金融に該当する。株式発行はエクイティ・ファイナンスであり、直接金融に該当する。
ウ．社債発行はデット・ファイナンスであり、直接金融に該当する。株式発行はエクイティ・ファイナンスであり、間接金融に該当する。
エ．銀行借入れはデット・ファイナンスであり、直接金融に該当する。株式発行はエクイティ・ファイナンスであり、間接金融に該当する。

解答 p.96

株式会社制度及び株式会社の資金調達に関する記述として不適切なものは、次のうちどれか。

ア．普通株主が受け取ることができる配当金は、債権者が受け取ることができる利息と異なり、固定的な金額が定められていない。
イ．銀行借入れは間接金融の１つである。
ウ．一般に、直接金融よりも間接金融のほうが機動性の面では優れている。
エ．株式会社の最低資本金は1,000万円である。

財務諸表分析に関する記述として不適切なものは、次のうちどれか。

ア．財務諸表分析では、指標（比率）を計算するのみでは数値の良否を判断するための有用な情報を得られないため、時系列比較や横断的比較（クロスセクション比較）を行うことが一般的である。
イ．財務諸表分析には、企業の貸借対照表と損益計算書を用いるのが一般的であり、キャッシュ・フロー計算書を用いた分析を行うことは有用ではない。
ウ．収益性分析は、企業の利益獲得能力を判断するために行われる分析であり、指標としては、売上高経常利益率や自己資本当期純利益率（ROE）等が用いられる。
エ．安全性分析は、企業の財務健全性を判断するために行われる分析であり、指標としては、流動比率、固定比率、負債比率、自己資本比率等が用いられる。

B●財務諸表分析　＞　1●財務諸表分析総論

財務諸表分析に関する記述として不適切なものは、次のうちどれか。

ア．収益性分析には、投下された資本を用いてどれだけのリターンを獲得することができたのかを分析することが含まれる。
イ．安全性分析とは、財務の健全性に着目して資金繰り等に問題がないかどうかを分析するものである。
ウ．成長性分析は、企業規模の拡大具合を分析するものであるため、売上高や総資産を用いて行い、純資産や利益は用いない。
エ．財務諸表分析の方法には、時系列比較と横断的比較がある。

B●財務諸表分析 ＞ 2●収益性分析（売上高収益性）

テキスト第2章第2節

問題 6

売上高営業利益率に関する記述として適切なものは、次のうちどれか。

ア．売上高営業利益率は、本業により利益を得る活動の収益性を表している。
イ．売上高営業利益率は、企業の商品や製品そのものから利益を得る活動の収益性を表している。
ウ．売上高営業利益率は、売上高に対する販売費及び一般管理費の割合を表している。
エ．売上高営業利益率は、売上高に対する売上原価の割合を表している。

B●財務諸表分析　＞　3●収益性分析（資本収益性）

テキスト第2章第3節

問題 7

収益性分析に関する記述のうち、（　）内にあてはまる語句の組合せとして正しいものは、次のうちどれか。

　財務諸表分析を行う際に注目されるポイントとして、企業の収益性がある。収益性の分析に用いられる指標は様々だが、代表的なものに資本利益率がある。資本利益率の例として、分母として（　A　）、分子として（　B　）を用いる指標が挙げられる。

ア．A：自己資本　　　　　B：当期純利益
イ．A：自己資本　　　　　B：総資本（総資産）
ウ．A：売上高　　　　　　B：経常利益
エ．A：総資本（総資産）　B：売上高

解答 p.100

問題 8

資本収益性に関する記述として不適切なものは、次のうちどれか。

ア．資本収益性の分析指標の代表的なものに総資産利益率（ROA）がある。
イ．資本収益性の分析指標は、保有資産の時価と簿価の差を評価するためのものである。
ウ．資本収益性の分析指標は、投下資本の効率性を評価するためのものである。
エ．資本収益性は、利益を投下資本で除して求める。

解答 p.100

以下に示す＜資料＞に基づいた場合、（　　）内にあてはまる数値の組合せとして正しいものは、次のうちどれか。

＜資料＞

（単位：百万円）

売　　上　　45,000

営業利益　　　225

総 資 産　　9,000

	20X1年3月期
総資産営業利益率	（ A ）％
売上高営業利益率	（ B ）％
総資産回転率	（ C ）回

ア．A：20　　B：0.5　　C：5
イ．A：2.5　　B：0.5　　C：5
ウ．A：2.5　　B：20　　C：200
エ．A：20　　B：2.5　　C：200

B●財務諸表分析　＞　4●安全性分析

企業の安全性を評価するための指標に関する記述として不適切なものは、次のうちどれか。

ア．流動比率は、流動資産の金額を流動負債の金額で除すことによって計算され、この比率が高いほど安全性が高いと評価される。
イ．当座比率は、当座資産の金額を流動負債の金額で除すことによって計算され、この比率が高いほど安全性が高いと評価される。
ウ．固定比率は、固定資産の金額を自己資本の金額で除すことによって計算され、この比率が高いほど安全性が高いと評価される。
エ．自己資本比率は、自己資本の金額を総資産の金額で除すことによって計算され、この比率が高いほど安全性が高いと評価される。

財務管理 3級

以下に示す＜資料＞に基づいた場合、安全性分析に関する記述として適切なものは、次のうちどれか。

＜資料＞

貸借対照表

(単位：千円)

科　　目	前　期	当　期	科　　目	前　期	当　期
現金預金	400	900	仕入債務	2,500	4,000
売上債権	2,300	2,600	短期借入金	1,100	1,000
棚卸資産	900	3,700	長期借入金	2,400	2,200
有形固定資産	4,800	3,600	資本金	600	600
無形固定資産	1,600	1,200	利益剰余金	3,400	4,200
合　　計	10,000	12,000	合　　計	10,000	12,000

ア．当期の自己資本比率は5％である。
イ．当期の流動比率は180％である。
ウ．固定比率は前期が160％、当期が100％であり、前期と比較して当期は安全性が悪化しているといえる。
エ．前期と当期を比較すると流動比率は改善しているが、当座比率は悪化している。

B●財務諸表分析　＞　5●効率性分析

以下に示す＜資料＞に基づいた場合、売上債権回転期間に関する記述として適切なものは、次のうちどれか。

＜資料＞
1．下表は、A社の年度末における財務諸表の一部抜粋である。
2．売上債権回転期間は、次式により算出するものとする。
　　　売上債権回転期間＝期末売上債権残高÷（年間売上高÷12）

財務諸表（一部）

（単位：千円）

	前年度	当年度		前年度	当年度
現金・預金	2,560	3,200	買掛金	2,308	2,640
売掛金	2,910	3,450	支払手形	800	1,000
受取手形	1,890	2,950	前受金	600	0
未収入金	960	1,200	借入金	800	1,350
売上原価	10,080	12,480	売　上	14,400	19,200

ア．当年度の売上債権回転期間は、4.75カ月である。
イ．前年度の売上債権回転期間は、4.8カ月である。
ウ．当年度の売上債権回転期間は、前年度と同じである。
エ．当年度の売上債権回転期間は、前年度より短い。

財務管理 3級

以下に示す＜資料＞に基づいた場合、回転期間に関する記述として適切なものは、次のうちどれか。

＜資料＞
1．売上債権回転期間は、次式により算出するものとする。
　　売上債権回転期間＝期末売上債権残高÷（年間売上高÷12）
2．棚卸資産回転期間は、次式により算出するものとする。
　　棚卸資産回転期間＝期末棚卸資産残高÷（年間売上原価÷12）
3．仕入債務回転期間は、次式により算出するものとする。
　　仕入債務回転期間＝期末仕入債務残高÷（年間売上原価÷12）

財務諸表（一部）

（単位：千円）

科　目	前　期	当　期	科　目	前　期	当　期
現金預金	1,000	2,000	買掛金	600	1,800
売掛金	1,800	3,450	支払手形	200	700
受取手形	600	1,050	売　上	14,400	18,000
商品及び製品	3,000	3,000			
売上原価	9,600	12,000			

ア．当期の売上債権回転期間は、2.3カ月であり、前期より悪化しているため、滞留債権が生じていないか精査する必要がある。
イ．当期の棚卸資産回転期間は、2.0カ月であり、前期より悪化しているため、滞留在庫が生じていないか精査する必要がある。
ウ．当期の仕入債務回転期間は、2.5カ月であり、前期より悪化しているため、支払遅延が生じていないか精査する必要がある。
エ．当期のキャッシュ・コンバージョン・サイクルは、3.5カ月であり、前期より改善している。

B●財務諸表分析　＞　6●成長性分析

テキスト第2章第6節

成長性分析に関する記述として不適切なものは、次のうちどれか。

ア．企業の成長とは、企業規模が拡大することをいう。企業規模は、売上高等の会計数値のみならず従業員数で測定することもある。
イ．売上高成長率（売上高伸び率）は、当期の売上高から前期の売上高を控除した金額を前期の売上高で除すことによって計算される。
ウ．売上高成長率（売上高伸び率）が正であれば、同業他社の平均的な売上高成長率を下回っていたとしても特に問題はない。
エ．総資産成長率（総資産伸び率）は、当期末の総資産から前期末の総資産を控除した金額を前期末の総資産で除すことによって計算される。

以下に示す＜資料＞に基づいた場合、成長性分析に関する記述として不適切なものは、次のうちどれか。

＜資料＞

（単位：千円）

	前々期	前　期	当　期
売上高	1,000,000	1,200,000	1,500,000
経常利益	50,000	80,000	88,000
総資産	400,000	600,000	900,000
従業員数	100人	108人	120人

ア．売上高成長率（売上高伸び率）は前期20％、当期25％であり、前期より

財務管理 **3級**

もさらに成長率を伸ばしている。

イ．当期の経常利益成長率（経常利益伸び率）は10％であり十分高水準であることから、同業他社の当期経常利益成長率平均が15％であったとしても全く問題はない。

ウ．企業規模は、売上高等の会計数値のみならず従業員数で測定することもあるが、当社はどちらで測定しても前期、当期ともにプラス成長している。

エ．総資産成長率（総資産伸び率）は、前期当期ともに50％であり、高い成長率を維持している。

解答 p.106

29

C ● 現金・預金・金銭債権等の管理　＞　1 ● 現金と預金の管理

1 ● 現金の管理

テキスト第3章第1節

 問題 16 H26前

小口現金の出納業務に関する記述として不適切なものは、次のうちどれか。

ア．小口現金は毎日金種ごとに数え、小口現金出納帳残高と照合し、上長の承認を受ける。
イ．掛け代金の集金に関しては、金額を確認したうえで小口現金出納帳に記帳する。
ウ．現金の実査は、複数名で行うのが通常である。
エ．現金は常に金庫に入れて保管する。

解答　p.107

問題 17 H27後

現金の出納業務に関する記述として不適切なものは、次のうちどれか。

ア．現金を受領する場合には、支払者の眼前にて勘定をして確認を行う。
イ．現金を支払う場合には、証憑書類を確認し、金額に誤りがないかを確認する。
ウ．現金管理は利益を生む活動ではないので、日々の金種表の作成は1名で担当するほうがよい。
エ．現金管理の観点からは、現金で決済を行う取引金額には上限を定め、上限を超える取引については銀行振込みや小切手を用いるほうがよい。

解答　p.107

C●現金・預金・金銭債権等の管理　＞　1●現金と預金の管理

2●預金の種類

テキスト第3章第1節

預金の種類に関する記述として不適切なものは、次のうちどれか。

ア．当座預金とは、金融機関との当座取引契約に基づき、手形や小切手を振り出して支払う無利息の預金で、随時預入れが可能である。また、支払手形や小切手が提示された場合に支払いが行われるため、主に資金決済に使用される預金である。
イ．普通預金とは、いつでも預入れや支払い、引出しが可能な預金であり、最も一般的な預金である。当座預金と同様に資金決済に用いられるが、利息がつく一方、小切手や手形による支払いができない。
ウ．通知預金とは、引出しを行う場合にあらかじめ通知する必要がある預金である。預け入れてから一定期間は引き出すことができないため、普通預金に比べて流動性が劣るが、利率は普通預金より高いというメリットがある。
エ．定期預金とは、あらかじめ満期日を設定し、満期日までは原則として引出しができない預金である。通常、流動性が低いため、他の預金より利率が高く設定されている。定期預金は、原則として中途解約できないため、定期預金を中途解約する場合には、預け入れた元本は保証されない。

預金に関する記述のうち、（　　）内にあてはまる語句の組合せとして適切なものは、次のうちどれか。

　日本国内に（　A　）がある銀行の定期預金、普通預金は名義人一人（1預金者）につき1,000万円とその利息、当座預金は（　B　）、（　C　）により保護されるが、（　D　）は保護されないので注意が必要である。

ア．A：店舗　　B：1,000万円　　C：預金保険制度　　D：別段預金
イ．A：店舗　　B：全額　　　　C：国　　　　　　　D：別段預金
ウ．A：本店　　B：1,000万円　　C：国　　　　　　　D：外貨預金
エ．A：本店　　B：全額　　　　C：預金保険制度　　D：外貨預金

C●現金・預金・金銭債権等の管理　＞　1●現金と預金の管理

3●預金管理

テキスト第3章第1節

預金管理に関する記述のうち不適切なものは、次のうちどれか。

ア．実際の預金有高と会計帳簿上の預金残高は、定期的に照合し、不一致があれば原因を調査する。
イ．実際の預金有高と会計帳簿上の預金残高が異なる場合、それが当座預金に関するものであれば、銀行勘定調整表の作成が義務づけられている。
ウ．買掛金の支払いを預金口座から行う場合、預金口座からの振込手続の際に支払担当部署の責任者の承認を得る。
エ．普通預金口座に入金があった場合、それが契約や請求に基づくものであれば、その収納額が契約や請求内容と一致しているかを確認する。

C●現金・預金・金銭債権等の管理　＞　2●小切手・手形取引

1●小切手

テキスト第3章第2節

小切手に関する記述として不適切なものは、次のうちどれか。

ア．小切手には、記載がなければ小切手としての効力が生じない事項が小切手法で定められており、その代表例としては、振出日や振出人の署名が挙げられる。
イ．小切手の振出しにあたっては、実務上、統一小切手用紙を用いる。
ウ．小切手を振り出すには、金融機関と当座勘定契約を締結し、普通預金口座を開設する必要がある。
エ．小切手の呈示期間は振出日の翌日より10日間（ただし、最終日が金融機関休業日である場合には翌営業日まで）である。

解答 p.110

小切手に関する記述として不適切なものは、次のうちどれか。

ア．小切手は、機械で金額を入れることができる。
イ．小切手は、電子化されたものも利用できる。
ウ．小切手は、小切手帳の発行を受け、1枚1枚切り離して利用できる。
エ．小切手は、線引きをしてからのみ利用できる。

解答 p.110

財務管理 3級

C●現金・預金・金銭債権等の管理 ＞ 2●小切手・手形取引

2●約束手形

テキスト第3章第2節

手形に関する記述として不適切なものは、次のうちどれか。

ア．手形は、小切手と同様、代金の支払いに使用する証券である。
イ．手形の流通量は近年国内では増加している。
ウ．為替手形には、振出人、受取人、支払人を明記しなければならない。
エ．自己受為替手形作成の目的の1つは、売掛金を明確な債権に変えることである。

手形に関する記述として不適切なものは、次のうちどれか。

ア．手形の必要的記載事項の一部が漏れている場合、受取人が漏れている項目を記載しても構わない。
イ．手形の振出しには、振出人本人の手書きの署名と押印が必要である。
ウ．手形の持参人は、取引銀行への取立依頼時に、手形の裏面に「取立のため」と付記して持参するのが通常である。
エ．手形の必要的記載事項を記載していれば、用紙にかかわらず手形を振り出すことが法的には可能であるが、銀行では「統一手形用紙」のみが取り扱われるため、実際には「統一手形用紙」が用いられている。

約束手形の必要的記載事項に関する記述として不適切なものは、次のうちどれか。

ア．約束手形に記載される支払期日は、「平成◇年○月△日」のように、特定の日を記載しなければならない。
イ．約束手形には一定金額を記載しなければならず、「○○円〜△△円」のように範囲で金額を記載してはならない。
ウ．約束手形の必要的記載事項は、手形法により定められている。
エ．振出人の署名の方法としては、自署のほか、記名捺印も認められる。

手形に関する記述として適切なものは、次のうちどれか。

ア．手形法では、約束手形、融通手形、為替手形の3種類が定められており、約束手形が日本国内では多く流通している。
イ．約束手形の必要的記載事項の1つに支払期日があるが、支払期日として「呈示後1ヵ月」等の表記は認められない。
ウ．約束手形の振出しにあたっては、銀行が交付する統一手形用紙を用いる。
エ．受け取った約束手形を換金するには、支払いのための呈示と取立依頼が必要であり、手形を銀行に譲渡して換金することはできない。

約束手形の振出しに関する記述として不適切なものは、次のうちどれか。

ア．記載金額が10万円以上の手形を振り出す場合、印紙税法の規定に従い、収入印紙を貼付する必要がある。収入印紙は、金額を記入した者が負担するため、振出人が貼付する。貼付する収入印紙の金額は、記載金額ごとに異なる。収入印紙は、再使用されることがないよう、消印をする必要がある。

イ．手形帳については、あらかじめ指定された者が保管し、他の者が取り扱うことがないようにする。なお、手形の署名や銀行届出印の捺印は、効率性の観点から、同一の者が行うことが望ましい。

ウ．手形の耳は重要な証憑書類であるため、受取人、金額や支払期日、振出日、振り出した理由等を明瞭に記入し、後日、第三者が容易にチェックできるように保管しておく。

エ．書き損じた手形は、所定の責任者の承認を受けた後、記載事項を抹消して手形帳に綴り込む。もしくは、手形番号を切り取り手形帳の控え部分に張り付けて、他の書き損じ部分を破棄する。

C●現金・預金・金銭債権等の管理　＞　2●小切手・手形取引

3● 為替手形

テキスト第3章第2節

問題 28

H27後

以下に示す為替手形において、（借方）仕入300,000円（貸方）売掛金300,000円と仕訳を行うべきものは、次のうちどれか。

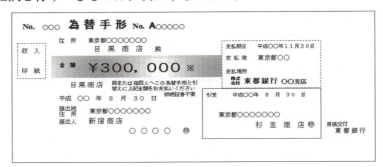

ア．杉並商店
イ．目黒商店
ウ．新宿商店
エ．東都銀行

解答 p.114

C●現金・預金・金銭債権等の管理 ＞ 2●小切手・手形取引

4●小切手・手形の不渡り

テキスト第3章第2節

手形の不渡りに関する記述として不適切なものは、次のうちどれか。

ア．不渡りは、手形交換所規則に基づき、その理由によって分類されており、資金不足に起因するものは1号不渡りとされる。これは、振出人の当座預金残高が不足のため手形の決済ができないなど、振出人の信用に関係するものである。

イ．不渡りの場合、その理由が1号不渡りであれば、振出人は手形交換所規則に基づき不渡り処分を受けることになり、全金融機関に通知される。さらに1年以内に2度目の1号不渡りを出すと銀行取引停止となり、金融機関で当座取引・貸出取引が2年間できなくなる。

ウ．自社の資金繰りが良好ではなく、振り出した手形の支払期日において十分な当座預金口座の残高を確保できないと見込まれる場合、すでに振り出している手形を無効として支払期日を延期した新しい手形を振り出すことがある。この方法は、手形のジャンプと呼ばれる。

エ．受け取った手形を裏書きしたり割り引いている場合、振出人が支払期日に決済を行うことができず不渡りになると、手形の所持人は裏書・割引をした相手に手形の買戻しを要求できる。つまり、裏書や割引を行った手形が不渡りになった場合、裏書・割引をした相手が買い戻す義務を負う。

解答 p.115

C●現金・預金・金銭債権等の管理　>　3●金銭債権と金銭債務

1●信用取引と金銭債権・金銭債務　　テキスト第3章第3節

問題 30

当社では主に購買部、出納部、経理部の3部署が買掛金の支払業務に関与している。出納部の担当者が行う振込みによる支払業務に関する記述として不適切なものは、次のうちどれか。

ア．出納担当者は、支払依頼書に担当部署の認証が行われているかを確認したうえで支払手続を行う。
イ．出納担当者は、出納部の承認権限に基づいて承認を得たうえで支払手続を行う。
ウ．出納担当者は、買掛金明細の消し込み・充当を行った後に支払手続を行う。
エ．出納担当者は、振込みの後、預金出納帳と預金通帳又は当座勘定照合表とを照合して承認を得る。

解答 p.116

問題 31

売掛金に関する記述として適切なものは、次のうちどれか。

ア．売掛金は、備品を売却したときに生じる債権である。
イ．売掛金は、売上時に必ず発生する債権である。
ウ．売掛金は、予約金を支払ったときに生じる債権である。
エ．顧客別に売掛金を管理する場合に用いる補助元帳を、得意先元帳という。

解答 p.116

債権と債務の分類として不適切なものは、次のうちどれか。

ア．＜債権＞売掛金・前払金　　＜債務＞買掛金・前受金
イ．＜債権＞貸付金・立替金　　＜債務＞借入金・預り金
ウ．＜債権＞売掛金・未収入金　＜債務＞買掛金・未払金
エ．＜債権＞貸付金・仮受金　　＜債務＞借入金・仮払金

C●現金・預金・金銭債権等の管理　＞　3●金銭債権と金銭債務

2●与信管理の必要性

テキスト第3章第3節

 問題 33

 H28前

与信管理に関する記述として不適切なものは、次のうちどれか。

ア．与信とは、取引先の信用度を表し、具体的には信用取引額の上限を設定することであり、与信管理はそれに従って取引先ごとの信用取引の金額を管理することである。一般事業会社の場合、掛販売を行った場合の管理が中心となる。

イ．初回の取引では、与信をする以前に、取引先の財務内容が健全であるか否かを確認し、健全でない場合には現金取引を依頼するか、保全の措置を講じる必要がある。具体的には、社内で与信申請手続を定め、新規取引先の会社案内、登記簿謄本、信用調査書等を検討することになる。

ウ．与信をして掛販売等を開始した後は、取引先の状況を把握したり、財務内容に変化が生じていないかを判断したりする必要はない。

エ．支払いの遅延や、一部未入金が生じた場合、得意先の状況を把握する必要がある。また、現金払いや短期間のうちの振込みから、約束手形での支払いへの変更の依頼があった場合等には、取引先の財務内容が悪化している可能性を検討しなければならない。

解答●p.118

与信管理に関する記述として不適切なものは、次のうちどれか。

ア．売上を管理するものである。
イ．取引先ごとに行うものである。
ウ．金銭債権を管理するものである。
エ．取引先の信用状況を管理するものである。

過去問題編

C●現金・預金・金銭債権等の管理 ＞ 4●預金・現金・金銭債権・金銭債務に関する会計処理と帳簿等

1●現金の会計処理

テキスト第3章第4節

問題 35

入手した際に現金勘定で処理されるものとして不適切なものは、次のうちどれか。

ア．自己振出小切手
イ．期日が到来した社債利札
ウ．配当金領収証
エ．普通為替証書

解答 p.119

問題 36

以下に示す10月の現金取引に基づいた場合、＜仕訳＞のＸ及びＹに入る勘定科目の組合せとして適切なものは、次のうちどれか。

＜取引＞
①前月繰越は53,750円であった。
②10月3日　品川商会から売掛金150,000円の支払いとして小切手を受け取った。
③10月8日　大崎商事に以前掛で仕入れた商品の代金45,000円を現金で支払った。
④10月15日　目黒商店から未納（未出荷）商品の代金の半額35,000円を現金で受け取った。
⑤10月23日　渋谷商事から売掛金125,000円の支払いとして小切手を受け取った。

44

財務管理 3級

<仕訳>
（単位：円）

① 仕訳不要
② （借）現　　金　150,000　　（貸）売掛金　150,000
③ （借）[X]　　45,000　　（貸）現　　金　45,000
④ （借）現　　金　35,000　　（貸）[Y]　　35,000
⑤ （借）現　　金　125,000　　（貸）売掛金　125,000

ア．X：仕　　入　　Y：売掛金
イ．X：買掛金　　Y：売掛金
ウ．X：仕　　入　　Y：前受金
エ．X：買掛金　　Y：前受金

以下に示す<資料>に基づいた場合、貸借対照表の資産の部における現金預金勘定の金額として正しいものは、次のうちどれか。

<資料>
1．決算整理前残高試算表における現金勘定の残高は3,200千円である。決算にあたり金庫を実査した結果、以下のものが保管されていた。

内　　容	金　　額
紙幣・硬貨	1,800千円
普通為替証書	300千円
公社債の利札（期日到来済み）	45千円
株主配当金領収書	30千円
先日付小切手	1,000千円

2．決算にあたり、取引銀行から取り寄せた当座預金の残高証明書の金額は56,000千円であった。なお、当該金額は決算整理前残高試算表における当座預金勘定と一致している。

過去問題編

ア．58,100千円
イ．58,175千円
ウ．59,175千円
エ．59,200千円

解答 p.120

C●現金・預金・金銭債権等の管理　>　4●預金・現金・金銭債権・金銭債務に関する会計処理と帳簿等

2●預金の会計処理と預金出納帳

現金・預金に関する記述として適切なものは、次のうちどれか。

ア．会計上の現金勘定には、流通している通貨のほかに、すぐに現金化できる他人振出しの小切手や切手、収入印紙が含まれる。
イ．現金の実際有高と会計帳簿上の残高が一致しない場合、帳簿残高に実際有高を合わせ差額は現金過不足勘定で一時的に処理をする。
ウ．振り出した小切手がいつ取立依頼に出されるかは不明であるが、通常はごく短期間のうちに行われるため、小切手を振り出した時点において当座預金勘定の減少を記録する。
エ．当座預金口座で当座借越契約を締結しており、決算時点で借越が生じているときは、貸借対照表上では当座預金勘定はマイナス表示する。

C●現金・預金・金銭債権等の管理 ＞ 4●預金・現金・金銭債権・金銭債務に関する会計処理と帳簿等

3● 当座預金独特の会計処理と銀行勘定調整表　テキスト第3章第4節

二勘定制を用いていることを前提に、次の一連の取引の会計処理を行った場合、仕訳の空欄A・Bにあてはまる金額の組合せとして適切なものは、次のうちどれか。
なお、（　？　）については各自で推定すること。

取引1　当社の当座預金残高は90,000円であったが、買掛金100,000円の支払いのため小切手を振り出した。なお、当社は銀行と借越限度額100,000円の当座借越契約を締結している。

取引2　当社は現金50,000円を当座預金口座に預け入れた。

　　仕訳1　（借）　買掛金　　100,000　　（貸）　当座預金　（　？　）
　　　　　　　　　　　　　　　　　　　　　　　　当座借越　［　A　］

　　仕訳2　（借）　当座預金　［　B　］　（貸）　現　　金　　50,000
　　　　　　　　　　当座借越　（　？　）

ア．A：　10,000　　B：40,000
イ．A：　10,000　　B：10,000
ウ．A：　90,000　　B：　　0
エ．A：100,000　　B：　　0

当座預金に関する記述のうち適切なものは、次のうちどれか。

ア．当座預金口座へ入金するには、小切手や手形を銀行に呈示しなければならず、振込みにより入金することはできない。
イ．当座預金口座から出金するには、小切手や手形を振り出すほか、ATM等で銀行カードを用いて引出しの操作を行う必要があり、インターネットバンキングを利用することはできない。
ウ．当座預金口座を複数銀行で開設し、かつ、1銀行につき複数口座を開設している場合、当座預金出納帳は、銀行ごとではなく口座ごとに設ける。
エ．当座借越が生じた場合、銀行による立替えが行われているが、借入れを行っているわけではないため利息は生じない。

決算において、当座預金勘定の残高は556,000円（借方）であり、銀行残高証明書残高はX円であった。不一致の原因を調査したところ、未取立小切手が133,200円、買掛代金引落の記帳漏れが56,300円、未取付小切手が134,400円、未渡小切手が73,400円であることが判明した。この場合、当座預金勘定の決算後の残高はY円である。XとYの組合せとして正しいものは、次のうちどれか。

ア．X：536,700円　　　Y：554,800円
イ．X：536,700円　　　Y：538,900円
ウ．X：574,300円　　　Y：573,100円
エ．X：574,300円　　　Y：558,200円

銀行勘定調整表に関する記述として適切なものは、次のうちどれか。

ア．未渡小切手は、両者区分調整法では当座預金勘定残高に加算するが、銀行残高基準法では銀行残高証明書の残高から減算する。
イ．未取付小切手は、両者区分調整法では銀行残高証明書の残高から減算するが、企業残高基準法では当座預金勘定残高から減算する。
ウ．両者区分調整法では当座預金勘定残高から減算するような企業側の誤記入があった場合、銀行残高基準法では銀行残高証明書の残高から減算する。
エ．時間外預入は、両者区分調整法では銀行残高証明書の残高から減算するが、銀行残高基準法では銀行残高証明書の残高から減算する。

決算日において、企業の当座預金勘定残高と銀行の残高証明書の残高が一致しない原因のうち、修正仕訳が不要なものは、次のうちどれか。

ア．未取付小切手
イ．銀行からの連絡未通知
ウ．企業の誤記入
エ．未渡小切手

4 金銭債権・金銭債務等の会計処理

債権に対する貸倒引当金設定に関する記述として適切なものは、次のうちどれか。

ア．破産更正債権等については、債権額から担保の処分見込額及び保証による回収見込額を減額し、その残額を貸倒見積高とする。
イ．貸倒実績率法とは、業界・規模別の貸倒実績率の平均値を割引率として、貸倒見積高を算定する方法である。
ウ．キャッシュ・フロー見積法とは、過去のキャッシュ・フロー計算書から貸倒見積高を算定する方法である。
エ．財務内容評価法とは、自社の貸倒実績率の平均値を割引率として貸倒見積高を算定する方法である。

金銭債権・金銭債務に関する記述として適切なものは、次のうちどれか。

ア．主たる営業目的の物品を販売して後日代金を受け取る場合の債権を未収入金という。
イ．資金借入れの方法として手形借入れがあるが、手形借入れを行った場合、支払手形勘定で処理をする。
ウ．売掛金・買掛金を管理する得意先元帳、仕入先元帳は主要帳簿の1つである。
エ．当期発生した債権が当期中に回収不能となった場合は、貸倒損失勘定で処理をする。

D●資金繰り表とキャッシュ・フロー計算書　＞　1●資金管理の必要性

1●資金管理の必要性

テキスト第4章第1節

問題 46

H28前

利益と資金に関する記述として不適切なものは、次のうちどれか。

ア．黒字倒産とは、利益が生じているにもかかわらず資金不足のため倒産することをいう。
イ．運転資金とは、通常の営業取引に必要な資金をいう。
ウ．当期純利益の額は、採用する会計規則・会計基準の影響を受けない。
エ．売上計上時点と債権回収時点には、通常、ずれがある。

解答●p.127

問題 47

H28後

資金繰りに関する記述として適切なものは、次のうちどれか。

ア．保有する手形を割り引くか満期まで保有し続けるかを判断するにあたっては、割引に伴う手数料は重要な要素であるが、満期までの期間は優先的に考慮する要素ではない。
イ．商品代金等の支払いのために小切手ではなく手形を振り出すのは、現時点では資金を有しているが、将来的に資金が不足すると見込まれる場合である。
ウ．子会社が保有する資金を親会社に融通する手段としては、子会社から親会社への貸付けのほか、配当の実施が挙げられる。
エ．現金仕入・現金販売を取引条件としている場合、掛仕入・現金販売を取引条件としている場合よりも資金繰りに余裕が生じる。

解答●p.127

財務管理 3級

D●資金繰り表とキャッシュ・フロー計算書 ＞ 1●資金管理の必要性
2●資金繰りでの検討事項　テキスト第4章第1節

単年度で見た場合に資金が不足する原因として不適切なものは、次のうちどれか。

ア．売上債権の増加
イ．在庫品の増加
ウ．固定資産の現金購入
エ．借入金の増加

解答●p.128

回収金額と支払金額が同額である場合に、回収サイトと支払サイトの関係として適切なものは、次のうちどれか。

ア．支払サイトが回収サイトより短ければ、資金繰りは楽になる。
イ．資金繰りの観点からは、回収サイトと支払サイトが等しくなるようにすべきである。
ウ．回収サイトは資金繰りに大きく影響するが、支払サイトは資金繰りには影響を及ぼさない。
エ．支払サイトが回収サイトより長ければ、資金繰りは楽になる。

解答●p.128

資金繰りが悪化する理由として不適切なものは、次のうちどれか。

ア．毎月の借入金の返済額を増やした。
イ．保有する株式の株価が下落したので売却した。
ウ．在庫を増やした。
エ．支払手形の支払期間に比べ受取手形の受取期間が長い。

財務管理 3級

D●資金繰り表とキャッシュ・フロー計算書　>　1●資金管理の必要性

3●資金繰りの項目別検討事項

テキスト第4章第1節

以下に示す<資料>に基づき設問に答えなさい。

<資料>

営業部門より下記の売上計画を受け取った。掛売上の60％が売上月に、25％は翌月に、残額は翌々月に入金を見込んでいる。

（単位：円）

	1月	2月	3月
現金売上高	500,000	550,000	605,000
掛売上高	1,000,000	1,100,000	1,210,000
売上高合計	1,500,000	1,650,000	1,815,000

<設問>

3月末の売掛金残高の予想額として正しいものは、次のうちどれか。
なお、前年12月末の売掛金残高は800,000円とする。

ア．649,000円
イ．1,100,000円
ウ．1,151,000円
エ．1,756,000円

運転資金に関する記述として適切なものは、次のうちどれか。

ア．運転資金とは、日常の営業活動の継続に必要な資金のことをいう。

55

イ．売上債権の減少は、運転資金を減少させる。
ウ．在庫の増加は、運転資金を増加させる。
エ．仕入債務の増加は、運転資金を減少させる。

当社の20X1年3月期における売上高は359,520,000円、売上原価は251,664,000円、売上債権残高は85,600,000円であり、20X2年3月期は売上高585,517,500円、売上原価は409,862,250円、売上債権残高は220,950,000円であった。20X2年3月期の分析として正しいものは、次のうちどれか。
ただし、売上債権回転率の計算にあたっては、期末の売上債権残高を用いることとする。
また、売上債権回転期間は、次式により算出するものとする。
　売上債権回転期間＝期末売上債権残高÷（年間売上高÷12）

ア．売上高は前期比約1.63倍であるが、原価率はともに70％と変わらないため、資金に変化はない。
イ．売上債権残高が前期比約2.58倍であることから、資金も同額だけ増加していることがわかる。
ウ．売上債権回転率が1.55回高くなっていることから、前期より資金が増加していることがわかる。
エ．売上債権回転期間が約1.67カ月延びていることから、売上高の増加による資金増加があると考えられる一方で、売上債権の回収期間の長期化による資金需要が発生している。

財務管理 3級

D●資金繰り表とキャッシュ・フロー計算書 ＞ 2●資金繰り表の作成

1●資金繰り表の作成と管理　　　　　　　　　テキスト第4章第2節

資金繰り表に関する記述として不適切なものは、次のうちどれか。

ア．資金繰り表の作成には、現金出納帳、普通預金出納帳及び当座預金出納帳が必要である。
イ．資金繰り表の作成のために収集した資料は、資金繰り表の項目ごとに分類・集計するとよい。
ウ．資金繰り表の作成には、多桁式の預金出納帳を活用すると効率的である。
エ．資金繰り表は、基本財務諸表の1つである。

資金繰り表に関する記述として不適切なものは、次のうちどれか。

ア．資金繰り表の作成は、法で求められている。
イ．資金繰り表の様式は、任意である。
ウ．資金繰り表には、対象期間がある。
エ．資金繰り表には、資金収支の実績を記載するだけでなく、将来の見積もりの資金収支を記載することがある。

D ● 資金繰り表とキャッシュ・フロー計算書 > 2 ● 資金繰り表の作成

2 ● 実績資金繰り表の作成

テキスト第4章第2節

実績資金繰り表に関する記述として不適切なものは、次のうちどれか。

ア．前月繰越残高、資金収入、資金支出、翌月繰越残高という欠くことができない4区分で作成するものを4区分資金繰り表と呼ぶ。
イ．実績資金繰り表は、現金・預金の収支を分類して記録したものであるから、資金繰り表の作成に必要な情報は、現金出納帳及び預金出納帳から収集することができる。
ウ．現金出納帳や預金出納帳を手書きで記帳している場合には、多桁式の出納帳を使用すると実績資金繰り表を作成する際に便利である。
エ．実績資金繰り表には、資金の残高、資金の収入、資金の支出について、過去の実績がわかりやすく表示されることが求められる。このため、実績資金繰り表には、将来の計画をしやすいことは求められていない。

解答 p.133

以下に示す＜資料＞に基づき、資金繰り表（4区分）から資金繰り表（6区分）を作成した場合、Xにあてはまる数値として正しいものは、次のうちどれか。
なお、？は各自で推定すること。

＜資料＞

資金繰り表（4区分）

項　目			4月実績	5月実績
前月繰越（A）			50	?
収　入	売上代金	現金売上	100	90
		売掛金回収	200	220
		手形期日落	300	350
		手形割引	200	200
		前受金	0	0
	その他		0	0
	借入金		150	0
	収入合計（B）		?	?
支　出	仕入代金	現金仕入	50	50
		買掛金支払	100	150
		手形決済	250	250
	営業費用		150	153
	その他		0	0
	固定資産購入		250	100
	借入金返済		100	100
	支出合計（C）		?	?
次月繰越（A＋B－C）			?	?

過去問題編

資金繰り表（6区分）

項　目			4月実績	5月実績
前月繰越（A）			?	?
経常収入	売上代金	現金売上	?	?
		売掛金回収	?	?
		手形期日落	?	?
		手形割引	?	?
		前受金	?	?
	?		?	?
	経常収入合計（B）		?	?
経常支出	仕入代金	現金仕入	?	?
		買掛金支払	?	?
		手形決済	?	?
	営業費用		?	?
	?		?	?
	経常支出合計（C）		?	?
差引過不足（A＋B－C）			?	X
経常外支出	?		?	?
	?		?	?
	?		?	?
次月繰越			?	?

ア．－45

イ．　157

ウ．　257

エ．　357

解答 p.134

60

財務管理 3級

D●資金繰り表とキャッシュ・フロー計算書　>　3●キャッシュ・フロー計算書の基礎

1● キャッシュ・フローの定義（キャッシュの定義）　テキスト第4章第3節

キャッシュ・フロー計算書における現金及び現金同等物として不適切なものは、次のうちどれか。

ア．要求払い預金
イ．預入れから満期まで3カ月未満の定期預金
ウ．日常的な支払手段の一部としての当座借越
エ．売掛金などの売上債権

キャッシュ・フロー計算書に関する記述として不適切なものは、次のうちどれか。

ア．キャッシュ・フロー計算書は、企業の資金創出能力を評価することや、企業の流動性や支払能力及び財務弾力性を評価することに役立つものと期待されている。
イ．利益は会社が採用する会計方針の影響を受けるが、キャッシュ・フロー情報は本来的には会計方針の影響を受けないものである。
ウ．現行制度上、連結子会社を有する上場企業には、連結キャッシュ・フロー計算書の開示が要求されているが、個別キャッシュ・フロー計算書の開示は要求されていない。
エ．キャッシュ・フロー計算書は、一会計期間のキャッシュの動きを示すものであるから、キャッシュの期首残高や期末残高は表示されない。

キャッシュ・フロー計算書に関する記述として適切なものは、次のうちどれか。

ア．当期のキャッシュ・フロー計算書における現金及び現金同等物の増減額は、前期末と当期末の貸借対照表の現金勘定の増減額と一致する。
イ．金融商品取引法に基づき、連結財務諸表を作成している上場企業には、連結キャッシュ・フロー計算書の作成が義務づけられている。
ウ．現金同等物には、決算日の翌日から起算して3カ月以内に満期が到来する定期預金が含まれる。
エ．キャッシュ・フロー計算書における資金の範囲に含めた現金及び現金同等物の内容は、変更がない限り注記する必要はないが、変更した場合には注記することが求められている。

D●資金繰り表とキャッシュ・フロー計算書　＞　3●キャッシュ・フロー計算書の基礎

2●キャッシュ・フロー計算書の表示区分

キャッシュ・フロー計算書の表示区分に関する記述として不適切なものは、次のうちどれか。

ア．固定資産の取得による支出は、営業活動によるキャッシュ・フローに含まれる。
イ．短期借入れによる収入は、財務活動によるキャッシュ・フローに含まれる。
ウ．利息及び配当金の受取額、利息の支払額は、営業活動によるキャッシュ・フローに含めることができる。
エ．利益に関連する金額を課税標準とする法人税等の支払いは、営業活動によるキャッシュ・フローに含まれる。

キャッシュ・フロー計算書に関する記述として適切なものは、次のうちどれか。

ア．営業活動によるキャッシュ・フローの区分で間接法を採用した場合は、投資活動・財務活動によるキャッシュ・フローでも間接法を採用しなければならない。
イ．自己株式の取得による支出は、財務活動によるキャッシュ・フローの区分に表示する。
ウ．営業活動によるキャッシュ・フローの区分で間接法を採用した場合は、主要な取引ごとにキャッシュ・フローを総額表示する。
エ．保有している他社の株式は、現金同等物に含められる。

キャッシュ・フロー計算書への表示方法として適切なものは、次のうちどれか。

ア．配当金の受取額、利息の受取額、利息の支払額、配当金の支払額は営業活動によるキャッシュ・フローの区分に表示する。
イ．配当金の受取額、利息の受取額、利息の支払額は投資活動によるキャッシュ・フローの区分に、配当金の支払額は財務活動によるキャッシュ・フローの区分に表示する。
ウ．配当金の受取額、利息の受取額、利息の支払額は営業活動によるキャッシュ・フローの区分に、配当金の支払額は財務活動によるキャッシュ・フローの区分に表示する。
エ．配当金の受取額、利息の受取額は投資活動によるキャッシュ・フローの区分に、利息の支払額は営業活動によるキャッシュ・フローの区分に、配当金の支払額は財務活動によるキャッシュ・フローの区分に表示する。

財務管理 3級

D●資金繰り表とキャッシュ・フロー計算書 > 3●キャッシュ・フロー計算書の基礎

3●キャッシュ・フロー計算書の作成

テキスト第4章第3節

キャッシュ・フロー計算書に関する記述として不適切なものは、次のうちどれか。

ア．設備投資を行い、代金の支払いを行った場合、当期の投資活動によるキャッシュ・フローが減少する。
イ．設備投資を行い支払いは次期に行う場合、当期の投資活動によるキャッシュ・フローは減少しない。
ウ．設備の売却を行った代金を受け取った場合、簿価や売却損益にかかわらず売却価額だけ当期の投資活動によるキャッシュ・フローが増加する。
エ．設備の無償廃棄を行い、廃棄損（除却損）を計上した場合、廃棄損と同額だけ当期の投資活動によるキャッシュ・フローが減少する。

解答 ●p.140

以下に示す＜資料＞に基づいた場合、営業活動によるキャッシュ・フローの表示として適切なものは、次のうちどれか。
ただし、間接法を採用しているものとする。

＜資料＞
当社の期首・期末の売上債権及び貸倒引当金の残高は次のとおりである。

（単位：千円）

	期　首	期　末
売上債権 （受取手形・売掛金）	1,000,000	1,200,000
貸倒引当金	－10,000	－12,000

65

ア．営業活動によるキャッシュ・フロー
　　税引前当期純利益　　　　　　　　xxx
　　貸倒引当金の増加額　　　　　　2,000
　　売上債権の増加額　　　　　　200,000
イ．営業活動によるキャッシュ・フロー
　　税引前当期純利益　　　　　　　　xxx
　　貸倒引当金の増加額　　　　　−2,000
　　売上債権の増加額　　　　　　200,000
ウ．営業活動によるキャッシュ・フロー
　　税引前当期純利益　　　　　　　　xxx
　　貸倒引当金の増加額　　　　　　2,000
　　売上債権の増加額　　　　　−200,000
エ．営業活動によるキャッシュ・フロー
　　税引前当期純利益　　　　　　　　xxx
　　貸倒引当金の増加額　　　　　−2,000
　　売上債権の増加額　　　　　−200,000

財務管理 3級

キャッシュ・フロー計算書に影響を与える数値は以下に示す＜資料＞のとおりであり、①〜⑤の取引があった。このとき、投資活動によるキャッシュ・フローとして正しいものは、次のうちどれか。
なお、全ての取引は即時現金取引である。

＜資料＞

貸借対照表（一部）

（単位：千円）

	前期末	当期末	増減額	増減の理由
有価証券	900	600	△300	購入と売却
貸付金	250	350	100	貸付と回収
備品	3,000	2,000	△1,000	売却
減価償却累計額	△200	△100	100	売却と減価償却

①有価証券を購入した。
②帳簿価額500千円の有価証券を650千円で売却した。
③新規の貸付を行った。
④貸付金のうち150千円を回収した。
⑤取得原価1,000千円の備品（減価償却累計額100千円）を1,300千円で売却した。

ア．　600千円
イ．　700千円
ウ．1,000千円
エ．1,650千円

過去問題編

問題 67

H27後

以下に示す＜資料＞に基づき、損益計算書とキャッシュ・フロー計算書（一部）を作成した場合、当期純利益と営業活動によるキャッシュ・フローの組合せとして正しいものは、次のうちどれか。

なお、（　　）内の数値は、各自で推定すること。

＜資料＞

1．当期の掛売上高　　　160千円

　　当期の掛仕入高　　　120千円（売上原価と等しい）

2．売掛金と買掛金の残高

	期首残高	期末残高
売掛金	15千円	20千円
買掛金	26千円	28千円

損益計算書

売上高	（　　　　）
売上原価	（　　　　）
当期純利益	（　　　　）

キャッシュ・フロー計算書（一部）

営業収入	（　　　　）
仕入支出	（　　　　）
営業活動によるキャッシュ・フロー	（　　　　）

ア．当期純利益：30千円　　　営業活動によるキャッシュ・フロー：37千円

イ．当期純利益：40千円　　　営業活動によるキャッシュ・フロー：28千円

ウ．当期純利益：40千円　　　営業活動によるキャッシュ・フロー：37千円

エ．当期純利益：43千円　　　営業活動によるキャッシュ・フロー：35千円

解答　p.141

D●資金繰り表とキャッシュ・フロー計算書　＞　3●キャッシュ・フロー計算書の基礎

キャッシュ・フロー計算書に関する記述として適切なものは、次のうちどれか。

ア．営業活動によるキャッシュ・フローがプラスであれば、営業活動（本業）を継続していくために必要な資金を稼ぐことができていることを意味する。また、営業活動によるキャッシュ・フローは大きければ大きいほどよい。
イ．投資活動によるキャッシュ・フローがプラスであれば、設備投資を積極的に行っていると解釈できる。
ウ．財務活動によるキャッシュ・フローがプラスであれば、借入金の返済を多く行ったり、配当を多く支払ったりしていることを示している。
エ．キャッシュ・フロー計算書は、利益と現金預金の収支が同額の場合は作成しなくてよい。

以下に示す＜資料＞に基づき、フリー・キャッシュ・フローを計算した場合、正しいものは、次のうちどれか。

＜資料＞

（単位：千円）

	20X1年3月期
営業活動によるキャッシュ・フロー	40,000
投資活動によるキャッシュ・フロー	－2,000
財務活動によるキャッシュ・フロー	－4,000

ア．40,000千円
イ．38,000千円
ウ．36,000千円
エ．34,000千円

財務管理 3級

D●資金繰り表とキャッシュ・フロー計算書 ＞ 4●見積資金繰り表の作成

1●見積資金繰り表の作成　　　　　　　テキスト第4章第4節

見積資金繰り表に関する記述として適切なものは、次のうちどれか。

ア．見積資金繰り表の作成にあたっては売上予測が最も重要であり、売上予測値としては過去の売上実績は考慮せず、各事業部門の売上目標金額に基づくほうが望ましい。
イ．見積資金繰り表作成の主目的は、資金不足の事態を未然に防ぐことであり、見積貸借対照表や見積損益計算書を作成する必要はない。
ウ．見積資金繰り表作成にあたっては、事前に過去の貸借対照表の債権・債務残高の増減、在庫残高の増減などを分析する必要がある。
エ．作成した見積資金繰り表の期中繰越残高が不足していても、最終期の次月繰越残高がプラスであれば特段の問題は生じない。

解答 p.144

資金繰り表の形式として、前月繰越残高、経常収入、経常支出、差引過不足、経常外収支及び次月繰越残高に区分する方法がある。この方法に関する記述として不適切なものは、次のうちどれか。

ア．商品販売により受領した手形の期日入金は、経常収入の欄に記載する。
イ．商品販売により受領した手形を割り引いたことによる収入は、経常外収支の欄に記載する。
ウ．商品仕入により振り出した手形の期日引落は、経常支出の欄に記載する。
エ．有形固定資産の購入による支出は、経常外収支の欄に記載する。

解答 p.144

71

見積資金繰り表の収入額を見込む場合に利用しないものは、次のうちどれか。

ア．過去の実績
イ．返済計画
ウ．事業計画
エ．取引条件

D●資金繰り表とキャッシュ・フロー計算書　＞　4●見積資金繰り表の作成

2●見積資金繰り表から実績・見積資金繰り表へ

以下に示す＜資料＞に基づき、実績・見積資金繰り表を作成した場合、見積りに対する実績の状況として不適切なものは、次のうちどれか。
ただし、？は各自で推定すること。

＜資料＞

項　目			見　積	実　績
前月繰越（A）			50	50
経常収入	売上代金	現金売上	80	80
		売掛金回収	210	210
		手形期日落	？	？
		手形割引	200	200
		前受金	0	0
	その他		0	0
	経常収入合計（B）		790	840
経常支出	仕入代金	現金仕入	50	50
		買掛金支払	？	？
		手形決済	250	250
	営業費用		180	180
	その他		0	0
	経常支出合計（C）		580	630
差引過不足（A＋B－C）			？	？
経常外収支	借入金		？	？
	借入金返済		100	100
	固定資産購入		250	100
次月繰越			60	60

ア．手形期日落が多かった。
イ．買掛金支払が多かった。
ウ．借入金の収入が多かった。
エ．固定資産購入が少なかった。

E ● 現在価値計算　＞　1 ● 現在価値計算の意味

1 ● 貨幣の時間価値

テキスト第5章第1節

問題 74

H26前

100万円を年利率3％の固定金利商品（半年複利）に3年間預け入れた場合の3年後の元利合計として正しいものは、次のうちどれか。
なお、円未満は切捨てとし、税金は考慮しなくてもよい。

ア．1,090,000円
イ．1,092,727円
ウ．1,093,443円
エ．1,094,051円

解答 p.147

問題 75

H27前

1,000,000円の資金を年利5％で1年間運用することを前提にした場合、不適切なものは、次のうちどれか。
なお、金額は、小数点以下第1位を四捨五入したものとする。

ア．単利で運用した場合、1年後の資金額は1,050,000円である。
イ．年複利で運用した場合、1年後の資金額は1,050,000円である。
ウ．半年複利で運用した場合、1年後の資金額は1,050,945円である。
エ．3ヵ月複利で運用した場合、1年後の資金額は1,050,945円である。

解答 p.147

E ● 現在価値計算　＞　1 ● 現在価値計算の意味

2 ● 正味現在価値

あるプロジェクトから得られるキャッシュ・フローは、1年後に100千円、2年後に200千円、3年後に250千円である。このプロジェクトの現在価値として正しいものは、次のうちどれか。なお、割引率は10％とする。ただし、金額は、千円単位小数点以下を四捨五入したものとし、税金は考慮しないものとする。

ア．444千円
イ．468千円
ウ．500千円
エ．550千円

割引現在価値の計算に関する記述として不適切なものは、次のうちどれか。

ア．リスクの小さい投資案件より、大きい投資案件のほうが割引率は高くなる。
イ．将来価値を現在価値に割り引く際に用いられる係数を現価係数と呼び、現在価値を将来価値に換算する際に用いられる係数を終価係数と呼ぶ。
ウ．内部収益率を割引率とすると、将来キャッシュ・インフローの割引現在価値はゼロになる。
エ．割引率が小さくなると、割引現在価値は大きくなる。

過去問題編

事業投資案の割引現在価値を計算する際に用いる割引率に関する記述として適切なものは、次のうちどれか。

ア．割引率は、その投資案に要求される必要最低限の利益率であり、過去の平均的な投資利益率を用いるのがよい。
イ．割引率は投資案のリスクの程度に応じて異なり、リスクの低い投資案ほど割引率が高く設定される。
ウ．割引率が適切に設定されていれば、その投資案の正味現在価値はゼロになるはずである。
エ．インフレ率が加味された割引率を用いれば、インフレによる貨幣価値の変動を踏まえた割引計算を行うことができる。

E●現在価値計算 ＞ 2●投資計算

1●設備投資案の評価に必要な情報

テキスト第5章第2節

設備投資案の評価に必要な情報に関する記述として適切なものは、次のうちどれか。

ア．設備投資案の評価においては、投資によってもたらされるキャッシュ・フローではなく、会計上の利益を見積もって評価に用いる。
イ．設備の耐用年数は、使用可能見込年数にかかわらず税法上の耐用年数を用いるべきである。
ウ．資本コストとは資本の機会費用のことであり、当該設備投資案のリスクが高いほど高い資本コストが用いられる。
エ．資本コストとは、当該設備投資案から得られると予想される収益率であるとともに、当該投資案があげなければならない必要最低限の利益率である。

E●現在価値計算　＞　2●投資計算

2●回収期間法

テキスト第5章第2節

以下に示す＜資料＞に基づき、各設備投資案を回収期間法によって評価しようと考えている。評価結果に関する記述として不適切なものは、次のうちどれか。
ただし、解答の数値は、小数点以下第2位を四捨五入すること。

＜資料＞

（単位：千円）

設備投資案	投資額	1年目	2年目	3年目
甲　案	1,300	400	650	800
乙　案	900	600	350	100
丙　案	2,000	900	900	900

ア．甲案の回収期間は2.3年である。
イ．乙案の回収期間は1.9年である。
ウ．甲案の回収期間は丙案よりも短いため、甲案のほうが望ましい投資案である。
エ．乙案の回収期間は丙案よりも短いため、乙案のほうが望ましい投資案である。

解答 p.151

以下に示す＜資料＞に基づき単純回収期間法により意思決定をする場合の優先順位として適切なものは、次のうちどれか。
ただし、各投資案は、独立したものとする。

＜資料＞

（単位：千円）

区分	初期投資額（第1期首）	第1期末の正味キャッシュ・フロー	第2期末の正味キャッシュ・フロー	第3期末の正味キャッシュ・フロー
投資案A	20,000	10,000	10,000	5,000
投資案B	30,000	12,000	12,000	12,000
投資案C	50,000	23,000	30,000	13,650

　　高い　←　優先順位　→　低い
ア．投資案A→投資案B→投資案C
イ．投資案B→投資案C→投資案A
ウ．投資案C→投資案A→投資案B
エ．投資案A→投資案C→投資案B

E●現在価値計算 ＞ 2●投資計算

3●投資利益率法

テキスト第5章第2節

問題 82

H28後

投資利益率法に関する記述として適切なものは、次のうちどれか。

ア．投資利益率法では、当該設備投資案の投資利益率を計算し、それが低い値であるほど望ましい投資案であると判断する。
イ．耐用年数5年、初期投資額1,000万円、投資から生じるキャッシュ・インフローの5年間の総額が1,500万円であるとき、当該投資案の投資利益率は50％となる。
ウ．投資利益率法は、投資利益率の正負によって投資元本の回収の可否を判断することはできるが、投資案の収益性を評価することはできない。
エ．投資利益率法では、貨幣の時間価値を考慮しないで投資利益率を計算している点が問題である。

E●現在価値計算 ＞ ２●投資計算

４●正味現在価値法

正味現在価値法に関する記述として適切なものは、次のうちどれか。

ア．正味現在価値は、設備投資から生じる収入から設備投資額を差し引いた単純な収支差額である。
イ．正味現在価値は比率として計算されるため、投資規模が異なる複数の投資案を容易に比較することができる。
ウ．正味現在価値法では、正味現在価値の正負によって投資案の採否を判断する。
エ．正味現在価値に、投資案のリスクの程度を反映させることはできない。

現在、「新規で1,000万円、耐用年数３年」の設備投資を検討している。
以下に示す＜資料＞に基づいた場合のNPV（正味現在価値）として正しいものは、次のうちどれか。

＜資料＞
１．第１期末と第３期末は、500万円のキャッシュ・フローが期待される。
２．第２期末に、追加投資として100万円が必要となる。
３．第２期末のキャッシュ・フローは、第１期末よりも３％の増加が見込まれる。
４．金利は、３％とする（「割引率」として利用する）。

過去問題編

(単位：万円)

	第1期首	第1期末	第2期末	第3期末
収　入		500	500×1.03	500
支　出	1,000		100	

ア．約334万円
イ．約356万円
ウ．約371万円
エ．約415万円

解答 p.153

問題
85

H26後

以下に示すA～Cの投資案のうち、正味現在価値法のもとで投資すべきと判断されるものの組合せとして適切なものは、次のうちどれか。
ただし、初期投資は第1期の期首に行われ、税金は考慮しないものとする。また、投資案はそれぞれ独立のものであるが、割引率は7％で等しいものとする。

(単位：千円)

	初期投資額	将来キャッシュ・フロー			
		第1期末	第2期末	第3期末	第4期末
投資案A	10,000	3,000	3,000	3,000	3,000
投資案B	10,000	0	0	0	12,000
投資案C	10,000	1,500	2,500	3,500	4,500

ア．Aのみ
イ．AとB
ウ．AとC
エ．BとC

解答 p.154

財務管理 3級

E●現在価値計算 ＞ 2●投資計算

5●内部収益率法

テキスト第5章第2節

問題 86

H28前

ある設備投資案の採否を検討している。この投資案を実行すると、4年間にわたって、3,000千円の収入が1年後、2年後、3年後、4年後に生じると予測されている。また、当該設備は4年後に1,000千円で売却できると見込まれている。この設備投資案の内部収益率が8％となる投資額として正しいものは、次のうちどれか。
ただし、解答の数値は、千円未満を切り捨てること。

ア．　9,936千円
イ．　10,671千円
ウ．　11,111千円
エ．　12,037千円

解答 p.155

E●現在価値計算　＞　2●投資計算

6 正味現在価値法と内部収益率法の比較

問題 87

正味現在価値法と内部収益率法に関する記述として不適切なものは、次のうちどれか。

ア．ある投資案に関して、正味現在価値が正であれば内部収益率は資本コストを上回っているのが一般的である。
イ．ある投資案に関して投資税額控除を受けられるとすれば、受けられない場合に比べて正味現在価値は増加するが、内部収益率は低下する。
ウ．投資規模の異なる相互排他的な投資案の順位づけを行う場合、正味現在価値法と内部収益率法では異なる結論を下すことがある。
エ．ある投資案の内部収益率が10％と30％と2つ計算されたとする。このような場合には内部収益率法による判断を避け、正味現在価値法によるべきである。

解答 ●p.156

問題 88

投資計算の手法に関する記述として適切なものは、次のうちどれか。

ア．投資資金の早期回収が要求されている場合、回収期間の長い投資案を優先的に採用すべきである。
イ．ある投資案の正味現在価値がゼロであるということは、その投資案からもたらされる営業利益の合計がゼロであることを意味する。
ウ．内部収益率とはその投資案の正味現在価値をゼロにする割引率であり、内部収益率が資本コストを超過していればその投資案を採用すべきである。

84

財務管理 3級

エ．同一の投資案について２つ以上の内部収益率が計算されることがある
が、このような場合には、最も大きい内部収益率に基づいて投資案の採否
を判断する。

解答 p.156

過去問題編

F●金融資産への投資　＞　1●資産価値評価の基本

2●投資におけるリスクと価値評価

テキスト第6章第1節

債券のリスクに関する記述として不適切なものは、次のうちどれか。

ア．債券を満期まで保有する場合、投資家が価格変動リスクにさらされることはなくなる。
イ．債券の格付けは、債券の価格変動リスクの尺度である。
ウ．一般的に、国債は社債と比較してデフォルトリスクは小さいとされる。
エ．債券の流動性リスクとは、市場での取引量が少ないために、債権の売却を希望するタイミングにおいて、希望する価格で売却できないというリスクのことである。

解答 p.157

リスクに関する記述として不適切なものは、次のうちどれか。

ア．リスクにはマイナス側だけではなく、プラス側に振れる場合も含まれる。
イ．デリバティブには、リスクが低い割に利ザヤが高い商品が多い。
ウ．無リスク利子率（リスクフリーレート）は、国債利回りで代替されることがある。
エ．債券の格付けにおいては、AAAは、AAより評価が高いとされている。

解答 p.157

財務管理 3級

F●金融資産への投資　>　2●金融資産への投資

1●金融商品の種類

テキスト第6章第2節

金融商品に関する記述として適切なものは、次のうちどれか。

ア．銀行預金には普通預金や当座預金、定期預金など目的に応じた様々な預金が用意されているが、無利息のものを除いた預金は全て投資目的の金融商品である。
イ．投資信託は、投資信託会社に集められた資金をファンドマネージャーがポートフォリオを組んで運用を行う金融商品である。
ウ．債券は国や地方公共団体、企業が資金調達のために発行する証券であり、債務不履行にならない限り満期日には額面金額の償還がなされるため、投資家はインカムゲインのみを目的として投資を行う。
エ．株式投資の目的は会社支配と投資収益に大別される。前者は主として受取配当金であるインカムゲインが目的であり、後者は売却差益であるキャピタルゲインが目的である。

F●金融資産への投資 ＞ 2●金融資産への投資

2●金融商品への投資　　　テキスト第6章第2節

金融商品に関する記述として適切なものは、次のうちどれか。

ア．定期預金の利息計算には単利と複利がある。預入元本と預入期間が同じであれば、単利でも複利でも得られる利息に違いはない。
イ．外貨預金では、為替レートの変化により得られる成果が大きく変動するが、これをカントリーリスクという。
ウ．国債と社債を比較すると、一般的には、国債の方がハイリスク・ハイリターンである。
エ．金利スワップは、固定金利と変動金利とを交換する取引のことである。

解答 p.159

以下に示す＜資料＞に基づいた場合、外貨預金への投資の利回りとして正しいものは、次のうちどれか。
ただし、税金は考慮しないものとし、解答の数値は、小数点以下第3位を四捨五入するものとする。

＜資料＞

米ドル外貨預金投資額	20,000ドル
預入れ期間	1年
金利	年4.0%
預金時の電信買相場	94.0円
預金時の電信売相場	96.0円
引出し時の電信買相場	98.0円
引出し時の電信売相場	100.0円

ア．4.00％
イ．5.81％
ウ．6.17％
エ．10.64％

以下に示す為替に関する＜資料＞に基づいた場合の記述として不適切なものは、次のうちどれか。

＜資料＞
1．20X1年4月1日に額面10,000ドルの社債（償還期限は20X2年3月31日、クーポンレートは年利5％、利払い日は9月30日と3月31日）を取得した。
2．20X1年9月30日にはクーポンを、満期日には額面金額とクーポンを日本円に換金して受け取った。
3．取得時の為替レートは、1ドル100円、20X1年9月30日は98円、満期日は108円であった。
4．為替手数料及び税金については、考慮しないものとする。

ア．当該社債によるインカムゲインは、500ドルであった。
イ．年利5％の円建ての定期預金（預入期間は20X1年4月1日から1年）で運用するよりも、1,500円多く得ることができた。
ウ．資金回収時の投資元本は1,080,000円であり、うち80,000円は為替変動によるものであった。
エ．20X1年9月30日に受け取った利息額は、為替相場の影響を受けて、500円少なくなった。

融資の返済に関する記述として適切なものは、次のうちどれか。

ア．融資を元利均等返済する場合、各返済時の返済額は逓増する。
イ．融資を元金均等返済する場合、各返済時の返済額は一定である。
ウ．融資を元利均等返済する場合と元金均等返済する場合を比較すると、返済期間等のほかの返済条件が等しければ、元金均等返済する場合のほうが総返済額は少なくなる。
エ．融資を元利均等返済する場合と元金均等返済する場合を比較すると、返済期間等のほかの返済条件が等しくとも、総返済額の多寡は一義に決まらない。

金融商品の利回りに関する記述として不適切なものは、次のうちどれか。

ア．契約期間1年の定期預金（年複利）に1年間預け入れた場合と、契約期間1年の定期預金（半年複利）に1年間預け入れた場合では、後者のほうが利回りは高くなる。なお、約定利子率はいずれも同じとする。
イ．ゼロクーポン債に投資した場合の利回りは、償還時に得られる償還差益をもとに計算する。
ウ．株式投資の利回りは、1株当たり配当金を取得時の株価で除して求める。
エ．株式投資における利回りは、株式売却時に確定する。

金利や利回りに関する記述として適切なものは、次のうちどれか。

ア．利回りが同じである1年複利の貯蓄商品と1カ月複利の貯蓄商品を比べると、1カ月複利の貯蓄商品のほうが表面利率は低い。
イ．元本・利率・満期が同じであれば、単利型より複利型のほうが満期時の元利合計額は少ない。
ウ．一般に、国内金利の上昇が予想されると、長期の固定金利型商品の投資比率を引き上げるのが有利である。
エ．一般に、国内金利の低下が予想されると、変動金利型商品の投資比率を引き上げるのが有利である。

過去問題編

F●金融資産への投資　＞　3●株式投資と債券投資

1●**株式投資**　　　　　　　　　　　　　　　　　　テキスト第6章第3節

ある株式1,000株を年度初めに500円で買い、年度末に1株当たり5.2円の配当を受け取り、その直後、548円で売却した。この取引における株式の投資収益率として正しいものは、次のうちどれか。

ア．1.04％
イ．9.6 ％
ウ．9.71％
エ．10.64％

解答 p.163

問題 99

株式会社X社の当期末の1株当たり利益、1株当たり純資産、1株当たり配当及び株価は、それぞれ50円、800円、25円、2,000円である。このとき、X社に関する記述として不適切なものは、次のうちどれか。

ア．X社の配当性向は、3.125％である。
イ．X社の配当利回りは、1.25％である。
ウ．X社のPERは、40倍である。
エ．X社のPBRは、2.5倍である。

解答 p.163

2●債券投資

問題 100

2年後に満期を迎える利付債と割引債がある。最終利回りはともに3％であり、利付債のクーポンレートは2％、クーポンの支払いは1年後と2年後である。このとき、2つの債券の額面100円当たりの価格に関する記述として適切なものはどれか。

ア．利付債価格のほうが割引債価格より高い。
イ．利付債価格のほうが割引債価格より低い。
ウ．利付債価格と割引債価格は等しい。
エ．与えられた条件だけでは2つの債券の価格比較はできない。

財務管理 3級

ビジネス・キャリア®検定試験
解答・解説編

解答・解説編

A ● 財務管理の基礎知識

テキスト第1章

問題 1 解答

H28前

正解 エ

ポイント 株式会社制度と株式会社の財務諸表に関する知識を問う。

解説

ア．不適切。債権者は出資者（出資を行う者）ではない。
イ．不適切。株主が受け取ることができるのは、利息ではなく配当である。
ウ．不適切。営業利益に加減算するのは営業外損益、特別損益、法人税等である。
エ．適切。貸借対照表はバランスシートの訳であり、B/Sと略される。

問題 2 解答

H28前

正解 ア

ポイント 資金調達方法の分類に関する知識を問う。

解説

ア．適切。
イ．不適切。社債発行は直接金融に該当する。
ウ．不適切。株式発行は直接金融に該当する。
エ．不適切。銀行借入れは間接金融に、株式発行は直接金融に該当する。

正解 エ

ポイント 株式会社制度及び株式会社の資金調達に関する基礎知識を問う。

解説
ア．適切。配当金は、固定的な金額が定められているわけではなく、各期で変動しうる。
イ．適切。
ウ．適切。不特定多数の投資家から資金調達するよりも、銀行等の金融機関から資金調達するほうが機動的である。
エ．不適切。現在では最低資本金制度は廃止されている。

正解 イ

ポイント 財務諸表分析に関する知識を問う。

解説
ア．適切。
イ．不適切。キャッシュ・フロー計算書を用いた分析を行うことも有用である。
ウ．適切。
エ．適切。

解答・解説編

B●財務諸表分析　＞　1●財務諸表分析総論

テキスト第2章第1節

問題
5　解答

H28前

正　解　ウ

ポイント　財務諸表分析の手法に関する知識を問う。

解　説

ア．適切。

イ．適切。

ウ．不適切。売上高や総資産のほか、純資産や利益等を用いることもある。

エ．適切。

B●財務諸表分析　>　2●収益性分析（売上高収益性）

テキスト第2章第2節

解答

H28後

正解　ア

ポイント　売上高営業利益率に関する知識を問う。

解説

ア．適切。
イ．不適切。売上高総利益率の説明である。
ウ．不適切。売上高販管費率の説明である。
エ．不適切。売上高原価率の説明である。

解答・解説編

B●財務諸表分析　＞　3●収益性分析（資本収益性）

テキスト第2章第3節

 解答

正解　ア

ポイント　収益性の代表的な指標に関する知識を問う。

解説

ア．正しい。
イ．誤り。財務レバレッジである。財務レバレッジはROEの構成要素であるが、これ自体は収益性の指標ではない。
ウ．誤り。売上高経常利益率は収益性の指標であるが、問題文で指示している資本利益率ではない。
エ．誤り。これは総資産回転率（効率性の指標）である。

　財務諸表分析を行う際に注目されるポイントとして企業の収益性がある。収益性の分析に用いられる指標は様々だが、代表的なものに資本利益率がある。資本利益率の例として、分母として（**自己資本**）、分子として（**当期純利益**）を用いる指標が挙げられる。

問題8　解答

正解　イ

ポイント　資本収益性に関する知識を問う。

解説

ア．適切。
イ．不適切。時価と簿価の差を問題にするものではない。
ウ．適切。
エ．適切。

財務管理 3級

 解答

正解 イ

ポイント 総資産営業利益率とその分解の計算を習得しているかを問う。

解説
ア．誤り。Aが誤り。
イ．正しい。
ウ．誤り。BとCが誤り。
エ．誤り。A、B、Cが誤り。

	20X1年3月期	
総資産営業利益率	（2.5）％	←営業利益225÷総資産9,000
売上高営業利益率	（0.5）％	←営業利益225÷売上45,000
総資産回転率	（5）回	←売上45,000÷総資産9,000

B●財務諸表分析　＞　4●安全性分析

テキスト第2章第4節

 解答

正　解　ウ
ポイント　安全性を評価するための指標に関する知識を問う。
解　説
ア．適切。
イ．適切。
ウ．不適切。固定比率は低いほど安全性が高いと評価される。
エ．適切。

 解答

正　解　エ
ポイント　安全性指標の計算を習得しているかを問う。
解　説
ア．不適切。（資本金600＋利益剰余金4,200）／総資本12,000＝40％
イ．不適切。（現金預金900＋売上債権2,600＋棚卸資産3,700）／
　　　　　　　　　　　　（仕入債務4,000＋短期借入金1,000）＝144％
ウ．不適切。固定比率が低いほど安全性が高いと評価されるため、前期と比較して当期は安全性が改善している。
エ．適切。
　　前期流動比率：（現金預金400＋売上債権2,300＋棚卸資産900）／
　　　　　　　　　　　　（仕入債務2,500＋短期借入金1,100）＝100％
　当期の流動比率はイ．より144％だから改善している。
　　前期当座比率：（現金預金400＋売上債権2,300）／
　　　　　　　　　　　　（仕入債務2,500＋短期借入金1,100）＝75％

財務管理 **3級**

当期当座比率：（現金預金900＋売上債権2,600）／

（仕入債務4,000＋短期借入金1,000）＝70％

当座比率は悪化している。

B●財務諸表分析　＞　5●効率性分析

テキスト第2章第5節

問題 12 解答

正解　ウ
ポイント　売上債権回転期間の計算を習得しているかを問う。
解説
ア．不適切。（売掛金3,450＋受取手形2,950）÷（売上19,200÷12）＝ 4カ月
イ．不適切。（売掛金2,910＋受取手形1,890）÷（売上14,400÷12）＝ 4カ月
ウ．適切。
エ．不適切。当年度の売上債権回転期間は、前年度と同じである。

問題 13 解答

正解　エ
ポイント　各種回転期間の計算を習得しているかを問う。
解説
ア．不適切。
　　前期：（売掛金1,800＋受取手形600）÷（売上14,400÷12）＝2.0カ月
　　当期：（売掛金3,450＋受取手形1,050）÷（売上18,000÷12）＝3.0カ月
　　当期の売上債権回転期間は3.0カ月である。
イ．不適切。
　　前期：商品及び製品3,000÷（売上原価9,600÷12）＝3.75カ月
　　当期：商品及び製品3,000÷（売上原価12,000÷12）＝3.0カ月
　　当期の棚卸資産回転期間は3.0カ月である。
ウ．不適切。
　　前期：（買掛金600＋支払手形200）÷（売上原価9,600÷12）＝1.0カ月
　　当期：（買掛金1,800＋支払手形700）÷（売上原価12,000÷12）＝2.5カ月
　　仕入債務回転期間は長いほうが望ましいから、前期より改善している。

エ．適切。

前期：売上債権回転期間2.0カ月＋棚卸資産回転期間3.75カ月

－仕入債務回転期間1.0カ月＝4.75カ月

当期：売上債権回転期間3.0カ月＋棚卸資産回転期間3.0カ月

－仕入債務回転期間2.5カ月＝3.5カ月

解答・解説編

B●財務諸表分析　＞　6●成長性分析

テキスト第2章第6節

 解答

正　解　ウ

ポイント　成長性分析に関する知識を問う。

解　説

ア．適切。

イ．適切。

ウ．不適切。売上高成長率が正であっても、同業他社の平均的な売上高成長率を下回っていれば問題がないとはいえない。

エ．適切。

問題 15 解答

正　解　イ

ポイント　成長性指標の計算を習得しているか、また成長性分析に関する知識を問う。

解　説

ア．適切。前期の売上高成長率は $(1,200,000 - 1,000,000) \div 1,000,000 = 0.2$（20％）、当期の売上高成長率は $(1,500,000 - 1,200,000) \div 1,200,000 = 0.25$（25％）と計算される。

イ．不適切。経常利益成長率が正であっても、同業他社の平均的な成長率を下回っていれば問題がないとはいえない。

ウ．適切。

エ．適切。前期の総資産成長率は $(600,000 - 400,000) \div 400,000 = 0.5$（50％）、当期の総資産成長率は $(900,000 - 600,000) \div 600,000 = 0.5$（50％）と計算される。

財務管理 3級

C●現金・預金・金銭債権等の管理　＞　1●現金と預金の管理

1●現金の管理

テキスト第3章第1節

問題16 解答　　　　　　　　　　　　　　　　　　　　H26前

正解　イ
ポイント　小口現金の出納業務に関する知識を問う。
解説
ア．適切。小口現金は毎日金種表を作成し残高に関して承認を受ける。
イ．不適切。掛け代金の集金を小口現金に入金するのは誤りである。小口現金は日々の少額の支払いに充当され、入金は本店等からのものに限定される。
ウ．適切。
エ．適切。

問題17 解答　　　　　　　　　　　　　　　　　　　　H27後

正解　ウ
ポイント　現金の出納業務に関する知識を問う。
解説
ア．適切。受領した現金は支払者の眼前にて勘定することが必要である。
イ．適切。現金を支払うときには、証憑書類を確認し、金額に誤りがないかを確認することが必要である。
ウ．不適切。現金は横領等のリスクが高いため、金種表の作成・確認は複数名で行うほうがよい。
エ．適切。現金決済は持ち運び等におけるリスクを伴うためである。

107

C● 現金・預金・金銭債権等の管理 ＞ 1● 現金と預金の管理

2● 預金の種類　　　テキスト第3章第1節

問題 18 解答

正解 エ

ポイント 預金の種類について知識を問う。

解説
ア．適切。
イ．適切。
ウ．適切。
エ．不適切。定期預金を中途解約する場合であっても、預け入れた元本は保証される。ただし、「中途解約利率」という低利の利率で計算された利息を受け取ることになる。

問題 19 解答

正解 エ

ポイント 預金保険制度に関する知識を問う。

解説
ア．不適切。
イ．不適切。
ウ．不適切。
エ．適切。

　日本国内に（**本店**）がある銀行の定期預金、普通預金は名義人一人（1預金者）につき1,000万円とその利息、当座預金は（**全額**）、（**預金保険制度**）により保護されるが、（**外貨預金**）は保護されないので注意が必要である。

C●現金・預金・金銭債権等の管理　＞　1●現金と預金の管理

3●預金管理

テキスト第3章第1節

解答

H27後

正　解　　イ

ポイント　　預金管理に関する知識を問う。

解　説

ア．適切。

イ．不適切。銀行勘定調整表の作成は任意である。

ウ．適切。

エ．適切。

C●現金・預金・金銭債権等の管理　＞　2●小切手・手形取引

1● 小切手

テキスト第3章第2節

問題 21 解答

正　解　ウ

ポイント　小切手に関する知識を問う。

解　説

ア．適切。

イ．適切。統一小切手用紙を用いなくとも、必要的記載事項の記載があれば小切手となりうるが、金融機関が取り扱わないため、実務上用いられない。

ウ．不適切。普通預金口座ではなく当座預金口座である。

エ．適切。

問題 22 解答

正　解　エ

ポイント　小切手に関する知識を問う。

解　説

ア．適切。

イ．適切。

ウ．適切。

エ．不適切。線引きは義務ではなく、任意に行うものである。

財務管理 3級

C●現金・預金・金銭債権等の管理 ＞ 2●小切手・手形取引

2●約束手形
テキスト第3章第2節

問題23 解答
H26後

正解 イ

ポイント 手形に関する知識を問う。

解説
ア．適切。
イ．不適切。手形の流通量は、近年では減少している。
ウ．適切。為替手形の場合、約束手形と異なり、振出人と支払いを行う者が異なる者とすることができる。そのため、振出人のほか、支払人（引受人）を明記する。
エ．適切。自己受為替手形を用いた場合、振出人と受取人が同一の者になる。典型的には、他社に対する売掛金を有する者が為替手形を振り出し、売掛金の相手先を引受人（支払人）とし、受取人は自身とすることによって、売掛金を手形債権（受取手形）に変更するために用いられる。

問題24 解答
H27前

正解 イ

ポイント 手形に関する知識を問う。

解説
ア．適切。振出人の署名があれば、ほかの必要的記載事項が全て空欄でも成立する（白地手形）。
イ．不適切。振出人の署名の方法には自署と記名捺印がある。自署の場合には、押印は不要である。
ウ．適切。
エ．適切。

解答・解説編

問題 25 解答

H27後

正　解　ア

ポイント　約束手形の必要的記載事項に関する知識を問う。

解　説

ア．不適切。確定日払いであれば「平成◇年○月△日」のように記載するが、一覧後定期払いの場合のように、「呈示後３カ月」等の記載方法も認められている。

イ．適切。

ウ．適切。

エ．適切。

問題 26 解答

H28前

正　解　ウ

ポイント　手形に関する知識を問う。

解　説

ア．不適切。手形法で定められているのは約束手形と為替手形である。

イ．不適切。確定日払いのほか、「呈示後３カ月」等の記載方法も認められている。

ウ．適切。銀行では「統一手形用紙」のみが取り扱われるため、実務上は統一手形用紙が用いられている。

エ．不適切。手形の割引によって換金することができる。

112

財務管理 3級

問題27 解答

H28前

正解　イ

ポイント　手形管理に関する知識を問う。

解説

ア．適切。

イ．不適切。約束手形は、ひとたび振り出されると、振出人は支払期日が到来したときに、手形の正当な所持人に対して手形の記載金額を支払う義務を負う。このため、不測の支払義務が発生しないための管理が重要である。手形の署名や銀行印の捺印は、手形帳への記入者とは別の者が行う。

ウ．適切。

エ．適切。

解答・解説編

C●現金・預金・金銭債権等の管理 ＞ 2●小切手・手形取引

3●為替手形

テキスト第3章第2節

問題
28 解答

H27後

正　解　　ウ

ポイント　　為替手形の会計処理を習得しているかを問う。

解　説

ア．不適切。杉並商店が行う会計処理は次のとおりである。

（借方）買 掛 金　300,000円　　（貸方）支払手形　300,000円

イ．不適切。目黒商店が行う会計処理は次のとおりである。

（借方）受取手形　300,000円　　（貸方）売　　上　300,000円

ウ．適切。新宿商店が行う会計処理は次のとおりである。

（借方）仕　　入　300,000円　　（貸方）売 掛 金　300,000円

エ．不適切。支払銀行に指定されたにすぎない。

114

C●現金・預金・金銭債権等の管理　＞　2●小切手・手形取引

4●小切手・手形の不渡り

テキスト第3章第2節

 解答

正解　イ

ポイント　手形の不渡りに関する知識を問う。

解説

ア．適切。
イ．不適切。6カ月以内に2度目の1号不渡りを出すと、銀行取引停止となる。
ウ．適切。
エ．適切。

解答・解説編

C●現金・預金・金銭債権等の管理　>　3●金銭債権と金銭債務

1●信用取引と金銭債権・金銭債務

テキスト第3章第3節

 解答

正解　ウ

ポイント　買掛金支払業務に関する知識を問う。

解説

ア．適切。
イ．適切。
ウ．不適切。買掛金の消し込み・充当を行うのは経理部である。なお、経理担当者は、支払いが行われた後で買掛金明細の消し込み・充当を行う。
エ．適切。

問題31 解答

正解　エ

ポイント　売掛金に関する知識を問う。

解説

ア．不適切。売上債権以外は未収入金勘定を用いることが一般的である。
イ．不適切。現金売上のときは発生しない。また、他社振出しの手形を受け取っていれば受取手形勘定を用いる。
ウ．不適切。予約金支払は前払金勘定で処理される。
エ．適切。

財務管理 3級

問題32 解答

H27前

正　解　エ

ポイント　債権と債務の勘定に関する知識を問う。

解　説
ア．適切。
イ．適切。
ウ．適切。
エ．不適切。

　上記の勘定科目の分類としては、
　　債権（資産勘定）売掛金・前払金・貸付金・立替金・未収入金・仮払金
　　債務（負債勘定）買掛金・前受金・借入金・預り金・未払金・仮受金
となる。

C●現金・預金・金銭債権等の管理　>　3●金銭債権と金銭債務

2● 与信管理の必要性

テキスト第3章第3節

問題 33 解答

H28前

正解　ウ

ポイント　与信管理に関する知識を問う。

解説

ア．適切。

イ．適切。

ウ．不適切。与信をして掛販売等を開始した後でも、取引先の状況をできるかぎり把握し、財務内容に変化が生じていないかを継続的に判断する必要がある。そして、その内容によって、与信の限度額の増減を検討しなければならない。

エ．適切。

問題 34 解答

H28後

正解　ア

ポイント　与信管理の目的に関する知識を問う。

解説

ア．不適切。与信管理は売上を管理するものではない。例えば、現金販売のみであれば、販売代金の回収は問題にならない。与信管理を行うのは、信用販売（掛販売）を行う場合が中心になる。

イ．適切。

ウ．適切。

エ．適切。

財務管理 3級

C●現金・預金・金銭債権等の管理 ＞ 4●預金・現金・金銭債権・金銭債務に関する会計処理と帳簿等

1●現金の会計処理

テキスト第3章第4節

問題 35 解答

H27前

正解 ア

ポイント 通貨代用証券に関する知識を問う。

解説

ア．不適切。自己振出小切手の入手は、当座預金勘定の減少の取消しとして処理する。

イ．適切。

ウ．適切。

エ．適切。

問題 36 解答

H27前

正解 エ

ポイント 現金取引に関する仕訳を習得しているかを問う。

解説

ア．不適切。

イ．不適切。

ウ．不適切。

エ．適切。

Xについては、以前に掛けで仕入れた商品代金を支払ったのであるから、買掛金があてはまる。また、Yについては、未出荷の商品代金の一部を受け取っており、前受金があてはまる。

119

解答・解説編

 解答

H27後

正　解　イ

ポイント　現金預金勘定に関する知識を問う。

解　説

ア．誤り。
イ．正しい。
ウ．誤り。
エ．誤り。

　まず、先日付小切手は受取手形勘定に含まれるため、現金勘定に含めず、普通為替証書や期限到来済み公社債利札、株主配当金領収証は現金勘定に含めることになる。次に、当座預金勘定は、資料2のとおり56,000千円である。したがって、現金勘定と預金勘定の合計は、58,175千円（＝1,800＋300＋45＋30＋56,000）となる。

C●現金・預金・金銭債権等の管理　＞　4●預金・現金・金銭債権・金銭債務に関する会計処理と帳簿等

2●預金の会計処理と預金出納帳

テキスト第3章第4節

解答

H28前

正　解　　ウ

ポイント　　現金預金勘定に関する知識を問う。

解　説

ア．不適切。切手、収入印紙は現金勘定ではなく貯蔵品勘定で処理をする。
イ．不適切。実際有高に帳簿残高を合わせるように処理をする。
ウ．適切。
エ．不適切。貸借対照表では、短期借入金（負債項目）として表示する。

C●現金・預金・金銭債権等の管理　＞　4●預金・現金・金銭債権・金銭債務に関する会計処理と帳簿等

3●当座預金独特の会計処理と銀行勘定調整表　テキスト第3章第4節

問題39 解答　H27前

正解　ア

ポイント　当座借越の会計処理を習得しているかを問う。

解説
ア．適切。
イ．不適切。
ウ．不適切。
エ．不適切。

　取引1により、当座借越が10,000円生じ、取引2によりそれが解消されている。したがって、仕訳1の貸方は、当座預金勘定が90,000円、当座借越勘定が10,000円となり、仕訳2の借方は、当座借越を10,000円計上したうえで、貸方の現金との差額40,000円が当座預金勘定となる。

問題40 解答　H27後

正解　ウ

ポイント　当座預金口座と当座預金出納帳に関する知識を問う。

解説
ア．不適切。振込みによる入金は可能である。
イ．不適切。通常、当座預金口座はATM等での引出しはできない。
ウ．適切。預金は口座ごとに管理する必要があるためである。
エ．不適切。実質的に借入れと同様である以上、利息の支払義務が生じる。

財務管理 3級

問題 41 解答

H27前

正解 ウ

ポイント 銀行勘定調整表の作成方法を習得しているかを問う。

解説

当座預金勘定残高と銀行残高証明書残高の不一致の原因は、タイムラグによる一時的な差異である。本問題で生じる差異は次のとおりである。
・未取立小切手···取立後に当座預金口座の預金残高が増加する。
・買掛代金の記帳漏れ···企業側で当座預金勘定を減少させる。
・未取付小切手···取引先が小切手を持参すると当座預金口座の預金残高が減少する。
・未渡小切手···企業側で当座預金勘定減少の取消し処理を行う。

銀行勘定調整表

当座預金残高	556,000円	銀行残高証明書残高（X）	574,300円
（加算）		（加算）	
未渡小切手	73,400	未取立小切手	133,200
（減算）		（減算）	
買掛代金支払い	56,300	未取付小切手	134,400
（Y）	573,100円		573,100円

123

解答・解説編

問題42 解答　　　　　　　　　　　　　　　　　　　　H27後

正 解　ア
ポイント　銀行勘定調整表に関する知識を問う。
解 説
ア．適切。
イ．不適切。未取付小切手は企業残高基準法では加算項目である。
ウ．不適切。誤記入は銀行残高基準法では加算項目である。
エ．不適切。時間外預入れは銀行残高証明書の残高に加算する項目である。

問題43 解答　　　　　　　　　　　　　　　　　　　　H28前

正 解　ア
ポイント　銀行勘定調整表に関する知識を問う。
解 説
ア．不要。
イ．必要。銀行からの連絡未通知は、明らかになった内容に基づき修正仕訳が必要である。
ウ．必要。企業側での誤記入であるから、正しい内容に修正するための修正仕訳が必要である。
エ．必要。未渡しの小切手が発見された場合、小切手を振り出した時点で当座預金を減少させる処理を行っているため、修正仕訳が必要である。

財務管理 3級

C●現金・預金・金銭債権等の管理 ＞ 4●預金・現金・金銭債権・金銭債務に関する会計処理と帳簿等

4●金銭債権・金銭債務等の会計処理
テキスト第3章第4節

問題44 解答　H26前

正解　ア

ポイント　貸倒引当金に関する知識を問う。

解説

ア．適切。
イ．不適切。貸倒実績率は、業界・規模別の率ではなく自社における率を用いる。
ウ．不適切。キャッシュ・フロー見積法とは、債権の元本の回収及び利息の受取りに係るキャッシュ・フローを合理的に見積もることができる債権については、債権の元本及び利息について、元本の回収及び利息の受取りが見込まれるときから当期末までの期間にわたり、当初の約定利子率で割り引いた金額の総額と債権の帳簿価額との差額を、貸倒見積高とする方法である。
エ．不適切。財務内容評価法とは、債権額から担保の処分見込額及び保証による回収見込額を減額し、その残額について債務者の財政状態及び経営成績を考慮して、貸倒見積高を算定する方法である。

問題45 解答　 H28後

正解　エ

ポイント　金銭債権、金銭債務等の勘定科目に関する知識を問う。

解説

ア．不適切。営業目的の物品販売の債権を示す勘定科目は売掛金である（他社振出しの手形を入手している場合には受取手形勘定を用いる）。
イ．不適切。手形借入れを行った場合に生じる債務は、手形借入金勘定で処理をする。

解答・解説編

ウ．不適切。得意先元帳や仕入先元帳は、主要帳簿ではなく補助簿である。

エ．適切。

財務管理 3級

D●資金繰り表とキャッシュ・フロー計算書　＞　1●資金管理の必要性

1●資金管理の必要性

テキスト第4章第1節

問題46 解答

H28前

正解　ウ

ポイント　利益と資金の関係に関する知識を問う。

解説

ア．適切。
イ．適切。
ウ．不適切。採用する会計基準等によって、利益額は影響を受ける。
エ．適切。売上計上時点は原則として販売時であり、債権回収時点（代金の回収時点）が販売よりも後のケース等においては、売上計上時点と債権回収時点が異なることになる。

問題47 解答

H28後

正解　ウ

ポイント　資金繰りに関する知識を問う。

解説

ア．不適切。手数料のほか、満期までの期間も考慮する。
イ．不適切。現時点では資金が不足していても、手形の満期までに入金があり、資金が確保できると予想される場合に、小切手ではなく手形を用いる。
ウ．適切。
エ．不適切。掛仕入・現金販売のほうが資金繰りに余裕が生じる。

解答・解説編

D●資金繰り表とキャッシュ・フロー計算書　＞　1●資金管理の必要性

2●資金繰りでの検討事項

テキスト第4章第1節

問題48 解答

H26前

正解　エ

ポイント　資金繰りへの影響要因に関する知識を問う。

解説

ア．適切。売上債権が増加した場合、売上の増加に応じて売上債権が増加していることもあるが、売上が横ばいであるにもかかわらず売上債権が増加するケースもある。売上債権が増加するということは、その分の入金が当期にはないということであるから、利益に比べて資金増加分のほうが少なく、資金が不足する要因になりうる。特に、売上が横ばいである場合には、資金繰りを圧迫する。

イ．適切。ア．と同様に、売上規模の拡大に応じて在庫が増加するケースもあるが、売上が横ばいであるにもかかわらず在庫が増加するケースもある。在庫が増加するということは、（買掛金等の支払義務が一定であれば）その分の支出があるということであるから、利益に比べて資金が不足する要因になりうる。特に、売上が横ばいである場合には資金繰りを圧迫する。

ウ．適切。

エ．不適切。借入金の増加は現金収入の増加をもたらすので、資金不足の原因とはならない。

問題49 解答　H27後

正解　エ

ポイント　資金繰りにおける回収サイトと支払サイトに関する知識を問う。

解説

ア．不適切。回収サイトが支払サイトより短ければ、資金繰りが楽になる。

イ．不適切。資金繰りの観点からは、回収サイトを支払サイトより長くすべ

きである。
ウ．不適切。支払サイトも資金繰りに影響する。
エ．適切。

問題50 解答

正解 イ

ポイント 資金繰りが悪化する原因に関する知識を問う。

解説
ア．適切。
イ．不適切。株価の下落に関係なく所有している株を売却した場合には収入が入るので、資金繰りはよくなる。
ウ．適切。在庫の増加は資金繰りを悪化させる。
エ．適切。手形の決済による支出のタイミングよりも、手形の決済による入金のタイミングが遅くなるため、資金繰りを悪化させる。

D●資金繰り表とキャッシュ・フロー計算書 ＞ 1●資金管理の必要性

3●資金繰りの項目別検討事項　　テキスト第4章第1節

 解答　

正　解　　ア
ポイント　売上予定表から売掛金残高を予測できるかどうかを問う。
解　説
ア．正しい。
イ．誤り。
ウ．誤り。
エ．誤り。

　ある月の売掛金残高は、その月の掛売上高の40％（＝1－60％）と、前月の掛売上高の15％（＝1－60％－25％）となる。したがって、3月の売掛金残高は次のように計算される。
　3月の掛売上1,210,000円×40％＋2月の掛売上1,100,000円×15％
　　　　　　　　　　　　　　　　　　　　　　　　　　＝649,000円

 解答　

正　解　　ア
ポイント　運転資金に関する知識を問う。
解　説
ア．適切。
イ．不適切。売上債権の減少は、運転資金を増加させる。
ウ．不適切。在庫の増加は、運転資金を減少させる。
エ．不適切。仕入債務の増加は、運転資金を増加させる。

正解　エ

ポイント　売上債権回転率等の計算を習得しているか、また、売上債権の増減と資金繰りの関係に関する知識を問う。

解説

ア．誤り。原価率や利益率が同じであっても、売上高が増加すると利益も増加するため、資金も増加する。

イ．誤り。売上債権の増加は営業活動による資金を減少させることになる。

ウ．誤り。
　　前期：売上359,520,000円÷売上債権85,600,000円＝4.2回
　　当期：売上585,517,500円÷売上債権220,950,000円＝2.65回
　　売上債権回転率は4.2回から2.65回へと低くなっている。

エ．正しい。
　　前期：売上債権85,600,000円÷（売上359,520,000円÷12）＝2.857…カ月
　　当期：売上債権220,950,000円÷（売上585,517,500円÷12）＝4.528…カ月
　　売上債権回転期間は約1.67カ月伸長している。

解答・解説編

D●資金繰り表とキャッシュ・フロー計算書 ＞ ２●資金繰り表の作成

１● 資金繰り表の作成と管理

テキスト第４章第２節

問題
54 解答

H28前

正　解　　エ

ポイント　資金繰り表に関する知識を問う。

解　説

ア．適切。

イ．適切。

ウ．適切。

エ．不適切。資金繰り表は基本財務諸表の１つではない。

問題
55 解答

H26後

正　解　　ア

ポイント　資金繰り表に関する知識を問う。

解　説

ア．不適切。法によって要求されていない。

イ．適切。

ウ．適切。資金繰り表は、一定期間の収入・支出を示すのであるから、期間を決定する必要がある。

エ．適切。

132

D●資金繰り表とキャッシュ・フロー計算書　＞　2●資金繰り表の作成

2●実績資金繰り表の作成

テキスト第4章第2節

問題56 解答　H26前

- **正解**　エ
- **ポイント**　実績資金繰り表に関する知識を問う。
- **解説**
- ア．適切。
- イ．適切。
- ウ．適切。
- エ．不適切。実績資金繰り表には、将来の計画がしやすいことが求められる。資金繰りでは、過去の実績資金繰り表を基にして、将来の資金繰りをどのように行っていくか、つまり見積資金繰り表を作成することが重要となる。

解答・解説編

問題 57 解答　H28前

正解　エ

ポイント　実績資金繰り表の作成方法を習得しているかを問う。

解説

資金繰り表（4区分）

項　目			4月実績	5月実績
前月繰越（A）			50	100
収　入	売上代金	現金売上	100	90
		売掛金回収	200	220
		手形期日落	300	350
		手形割引	200	200
		前受金	0	0
	その他		0	0
	借入金		150	0
	収入合計（B）		950	860
支　出	仕入代金	現金仕入	50	50
		買掛金支払	100	150
		手形決済	250	250
	営業費用		150	153
	その他		0	0
	固定資産購入		250	100
	借入金返済		100	100
	支出合計（C）		900	803
次月繰越（A＋B－C）			100	157

134

財務管理 **3級**

資金繰り表（6区分）

項目			4月実績	5月実績
前月繰越（A）			50	100
経常収入	売上代金	現金売上	100	90
		売掛金回収	200	220
		手形期日落	300	350
		手形割引	200	200
		前受金	0	0
	その他		0	0
	経常収入合計（B）		800	860
経常支出	仕入代金	現金仕入	50	50
		買掛金支払	100	150
		手形決済	250	250
	営業費用		150	153
	その他		0	0
	経常支出合計（C）		220	603
差引過不足（A＋B－C）			300	X：357
経常外支出	借入金		150	0
	借入金返済		100	100
	固定資産購入		250	100
次月繰越			100	157

　資金繰り表（4区分）に記載された金額を、資金繰り表（6区分）の空欄に移記して、資金繰り表（6区分）を完成させる。

ア．誤り。

イ．誤り。

ウ．誤り。

エ．正しい。

135

解答・解説編

D●資金繰り表とキャッシュ・フロー計算書　＞　3●キャッシュ・フロー計算書の基礎

1●キャッシュ・フローの定義（キャッシュの定義）　テキスト第4章第3節

問題 58 解答　H26前

正　解　エ

ポイント　現金及び現金同等物の定義に関する知識を問う。

解　説

ア．適切。

イ．適切。

ウ．適切。なお、当座借越の状況が明らかに短期借入金と同様の資金調達活動と判断される場合には、財務活動によるキャッシュ・フローに含まれる。

エ．不適切。定義に含まれていない。これは、現金のような支払手段として利用できないと考えられているためである。

問題 59 解答　H27前

正　解　エ

ポイント　キャッシュ・フロー計算書に関する知識を問う。

解　説

ア．適切。

イ．適切。

ウ．適切。

エ．不適切。一会計期間のキャッシュ・フローにキャッシュの期首残高を加え、期末残高を示すことが求められている。

136

財務管理 3級

問題 60 解答

H28後

正解 イ

ポイント キャッシュ・フロー計算書に関する知識を問う。

解説
ア．不適切。現金勘定の増減額とは一致しない。キャッシュには、現金以外の項目も含まれるからである。
イ．適切。
ウ．不適切。決算日の翌日ではなく、預入日（取得日）から満期日までの期間が3カ月以内の定期預金が現金同等物に含まれる。
エ．不適切。変更していなくとも、会計方針として注記することが求められている。

D●資金繰り表とキャッシュ・フロー計算書　＞　3●キャッシュ・フロー計算書の基礎

2●キャッシュ・フロー計算書の表示区分
テキスト第4章第3節

問題61 解答　H26前

正解　ア

ポイント　キャッシュ・フロー計算書の表示区分に関する知識を問う。

解説
ア．不適切。固定資産の取得は投資活動によるキャッシュ・フローに区分される。
イ．適切。
ウ．適切。利息及び配当金の受取額、利息の支払額は、①営業活動によるキャッシュ・フローの区分に含めるか、②利息及び配当金の受取額は投資活動によるキャッシュ・フローの区分に含め、利息の支払額は財務活動によるキャッシュ・フローに含める。
エ．適切。利益に関連する金額を課税標準とする法人税等は、法人税等の支払額として営業活動によるキャッシュ・フローの区分に記載する。

問題62 解答　H26後

正解　イ

ポイント　キャッシュ・フロー計算書に関する知識を問う。

解説
ア．不適切。投資・財務活動によるキャッシュ・フローの区分には直接法・間接法はない。
イ．適切。自己株式の取得は財務活動によるキャッシュ・フローの区分に表示する。
ウ．不適切。間接法では純利益に必要な調整項目を加減算する。
エ．不適切。保有している他社の株式は、現金同等物に含めることはできない。

財務管理 3級

 解答

正　解　ウ

ポイント　配当金と利息の受取額・支払額の表示方法に関する知識を問う。

解　説
ア．不適切。
イ．不適切。
ウ．適切。
エ．不適切。

　配当金と利息の受取額・支払額の表示方法は、次のいずれかによる。
①配当金の受取額、利息の受取額→投資活動によるキャッシュ・フローの区分
　利息の支払額、配当金の支払額→財務活動によるキャッシュ・フローの区分
②配当金の受取額、利息の受取額、利息の支払額→営業活動によるキャッシュ・フローの区分
　配当金の支払額→財務活動によるキャッシュ・フローの区分

解答・解説編

D●資金繰り表とキャッシュ・フロー計算書　>　3●キャッシュ・フロー計算書の基礎

3●キャッシュ・フロー計算書の作成
テキスト第4章第3節

問題64 解答

正解　エ

ポイント　投資活動によるキャッシュ・フローについての知識を問う。

解説

ア．適切。有形固定資産の取得による支出は投資活動によるキャッシュ・フローを減少させる。

イ．適切。支払いを行った期の投資活動によるキャッシュ・フローの区分に含まれる。したがって、当期の投資活動によるキャッシュ・フローは減少しない。

ウ．適切。売却代金を受け取っているのであるから、売却価額だけ投資活動によるキャッシュ・フローが増加する。

エ．不適切。廃棄損（除却損）の計上は、投資活動によるキャッシュ・フローには影響しない。

 解答

正解　ウ

ポイント　営業活動によるキャッシュ・フロー（間接法）の計算を習得しているかを問う。

解説

ア．不適切。

イ．不適切。

ウ．適切。貸倒引当金の増加額2,000円は税引前当期純利益に加算、売上債権の増加額200,000円は税引前当期純利益から減算する。

エ．不適切。

財務管理 3級

問題 66 解答

正解 エ

ポイント 投資活動によるキャッシュ・フローの計算を習得しているかを問う。

解説
ア．誤り。
イ．誤り。
ウ．誤り。
エ．正しい。「前期末900千円＋購入？－売却500千円＝当期末600千円」より、有価証券の購入額は200千円であることがわかる。また、「前期末250千円＋貸付？－回収150千円＝当期末350千円」より、新規貸付額は250千円であることがわかる。したがって投資活動によるキャッシュ・フローは、「有価証券購入△200千円＋有価証券売却650千円＋新規貸付金△250千円＋貸付金回収額150千円＋備品売却額1,300千円＝1,650千円」と求められる。

問題 67 解答

正解 ウ

ポイント 営業活動によるキャッシュ・フロー（直接法）の計算を習得しているかを問う。

解説
ア．誤り。
イ．誤り。
ウ．正しい。
エ．誤り。

当期純利益：売上高160千円－売上原価120千円＝40千円

解答・解説編

営業収入：

　期首売掛金15千円＋当期掛売上高160千円－期末売掛金20千円＝155千円

仕入支出：

　期首買掛金26千円＋当期掛仕入高120千円－期末買掛金28千円＝118千円

営業活動によるキャッシュ・フロー：

　営業収入155千円－仕入支出118千円＝37千円

財務管理 3級

D●資金繰り表とキャッシュ・フロー計算書　＞　3●キャッシュ・フロー計算書の基礎

4●キャッシュ・フロー計算書の読み方

テキスト第4章第3節

問題68 解答

正解　ア

ポイント　キャッシュ・フロー計算書に関する知識を問う。

解説

ア．適切。
イ．不適切。投資活動によるキャッシュ・フローがプラスの場合は設備を売却している。
ウ．不適切。財務活動によるキャッシュ・フローがプラスの場合は借入れを多く行っている。
エ．不適切。キャッシュ・フロー計算書は基本財務諸表の1つだから、利益と現金預金の収支が同額の場合でも作成する。

問題69 解答

正解　イ

ポイント　フリー・キャッシュ・フローの計算を習得しているかを問う。

解説

ア．誤り。
イ．正しい。営業キャッシュ・フローと投資キャッシュ・フローを合わせたものがフリー・キャッシュ・フローである（40,000－2,000＝38,000千円）。
ウ．誤り。
エ．誤り。

解答・解説編

D●資金繰り表とキャッシュ・フロー計算書　＞　4●見積資金繰り表の作成

1●見積資金繰り表の作成

テキスト第4章第4節

問題 70 解答

H27前

正解　ウ

ポイント　見積資金繰り表作成に関する知識を問う。

解説

ア．不適切。売上予測にあたり、過去の売上実績も考慮される。

イ．不適切。見積貸借対照表や見積損益計算書と整合性をとることが重要である。

ウ．適切。

エ．不適切。次期繰越残高だけがプラスでは不十分である。

問題 71 解答

H27後

正解　イ

ポイント　資金繰り表の表示に関する知識を問う。

解説

ア．適切。

イ．不適切。経常収入の欄に記載する。

ウ．適切。

エ．適切。

144

財務管理 3級

問題 72 解答

H27後

正解 イ

ポイント 将来の収入の見積もりに関する知識を問う。

解説
ア．利用する。
イ．利用しない。返済計画は収入額の見積もりには利用されない。
ウ．利用する。
エ．利用する。

解答・解説編

D ● 資金繰り表とキャッシュ・フロー計算書　＞　4 ● 見積資金繰り表の作成

2 ● 見積資金繰り表から実績・見積資金繰り表へ　　テキスト第4章第4節

 解答　　　　　　　　　　　　　　　　　　　　　　　　　

正　解　ウ

ポイント　実績・見積資金繰り表の計算を習得しているかを問う。

解　説

ア．適切。

イ．適切。

ウ．不適切。見積もりに対する実績の状況として、借入金の収入が少なかった。

エ．適切。

＜参考＞

項　目			見　積	実　績
前月繰越（A）			50	50
経常収入	売上代金	現金売上	80	80
		売掛金回収	210	210
		手形期日落	**300**	**350**
		手形割引	200	200
		前受金	0	0
	その他		0	0
	経常収入合計（B）		790	840
経常支出	仕入代金	現金仕入	50	50
		買掛金支払	**100**	**150**
		手形決済	250	250
	営業費用		180	180
	その他		0	0
	経常支出合計（C）		580	630
差引過不足（A＋B－C）			**260**	**260**
経常外収支	借入金		**150**	**0**
	借入金返済		100	100
	固定資産購入		250	100
次月繰越			60	60

財務管理 **3級**

E●現在価値計算　＞　1●現在価値計算の意味

1●貨幣の時間価値

テキスト第5章第1節

問題 74 解答

H26前

正　解　ウ

ポイント　将来価値の計算を習得しているかを問う。

解　説

ア．誤り。

イ．誤り。

ウ．正しい。100万円×$(1 + 0.03 \div 2)^{3 \times 2}$＝1,093,443円と計算される。半年複利であるから、1.5％で6期間運用すると考えればよい。

エ．誤り。

問題 75 解答

H27前

正　解　ウ

ポイント　単利と複利の計算を習得しているかを問う。

解　説

ア．適切。1,000,000＋1,000,000×0.05＝1,050,000円と計算される。

イ．適切。1,000,000×$(1 + 0.05)$＝1,050,000円と計算される。

ウ．不適切。1,000,000×$(1 + 0.05 / 2)^2$＝1,050,625円と計算される。半年複利であるから、2.5％で2期間運用すると考えればよい。

エ．適切。1,000,000×$(1 + 0.05 / 4)^4$＝1,050,945.3円と計算される。3カ月複利であるから、1.25％で4期間運用すると考えればよい。

解答・解説編

E●現在価値計算　＞　1●現在価値計算の意味

2●正味現在価値

テキスト第5章第1節

問題 **76** 解答

H26前

正　解　　ア

ポイント　　現在価値の計算を習得しているかを問う。

解　説

ア．適切。$\dfrac{100}{1+10\%} + \dfrac{200}{(1+10\%)^2} + \dfrac{250}{(1+10\%)^3} = $ 約444

イ．不適切。

ウ．不適切。

エ．不適切。

問題 **77** 解答

H26前

正　解　　ウ

ポイント　　現在価値の計算を習得しているかを問う。

解　説

ア．適切。

イ．適切。

ウ．不適切。内部収益率を割引率とした場合にゼロになるのは正味現在価値であり、割引現在価値はゼロにはならない。

エ．適切。

148

財務管理 3級

問題78 解答

H26後

正解　エ

ポイント　割引率に関する知識を問う。

解説
ア．不適切。資本の機会費用たる資本コストを用いるのがよい。
イ．不適切。リスクの高い投資案ほど割引率が高く設定される。
ウ．不適切。割引率の適切さと正味現在価値の金額に関連はない。
エ．適切。

E●現在価値計算　>　2●投資計算

1●**設備投資案の評価に必要な情報**　　　テキスト第5章第2節

問題79 解答　　　　　　　　　　　　　　　H28前

正解　ウ

ポイント　設備投資案の評価に必要な情報に関する知識を問う。

解説

ア．不適切。設備投資案の評価においては、投資によってもたらされるキャッシュ・フローを見積もって評価に用いる。

イ．不適切。設備の耐用年数ではなく、使用可能見込年数を用いるべきである。

ウ．適切。

エ．不適切。当該設備投資案から得られると予想される収益率は、内部収益率である。

財務管理 3級

E●現在価値計算　＞　2●投資計算

2●回収期間法

テキスト第5章第2節

 解答

正解　ウ

ポイント　（単純）回収期間法の計算を習得しているかを問う。

解説
ア．適切。2年＋(1,300－400－650)／800＝2.3125→2.3年
イ．適切。1年＋(900－600)／350＝1.85…→1.9年
ウ．不適切。丙案の回収期間は2.2年（≒2,000／900）であるため、丙案のほうが回収期間は短い。
エ．適切。

 解答

正解　ウ

ポイント　単純回収期間法の計算を習得しているかを問う。

解説
ア．不適切。
イ．不適切。
ウ．適切。
エ．不適切。

　投資案Aの単純回収期間：1年＋(20,000－10,000)／10,000＝2年
　投資案Bの単純回収期間：30,000÷12,000＝2.5年
　投資案Cの単純回収期間：1年＋(50,000－23,000)／30,000＝1.9年

　単純回収期間が短いほど優先順位が高いので、投資案C→投資案A→投資案Bの順に優先順位が高い。したがって、ウが正解。

E●現在価値計算　＞　2●投資計算

3●投資利益率法
テキスト第5章第2節

問題 82 解答

H28後

正　解　　エ

ポイント　投資利益率法に関する知識を問う。

解　説

ア．不適切。投資利益率が高い値であるほど望ましい投資案であると判断する。

イ．不適切。当該投資案の投資利益率は10％［＝｛(1,500－1,000)÷5｝÷1,000］である。

ウ．不適切。投資利益率の水準によって、投資元本の回収の可否のみならず、投資案の収益性を評価することができる。

エ．適切。

財務管理 3級

E●現在価値計算　＞　2●投資計算

4●正味現在価値法

テキスト第5章第2節

 解答

H28前

正　解　ウ

ポイント　正味現在価値法に関する知識を問う。

解　説

ア．不適切。正味現在価値は単純な収支差額ではなく、貨幣の時間価値調整済みの収支差額である。

イ．不適切。正味現在価値は比率ではなく金額として計算される。

ウ．適切。

エ．不適切。正味現在価値にリスクの程度を反映させることはできる。

 解答

H28後

正　解　ア

ポイント　正味現在価値の計算を習得しているかを問う。

解　説

ア．正しい。
　収入の現在価値（485.4＋485.4＋457.6）－支出の現在価値（1,000＋94.3）
　≒334

イ．誤り。

ウ．誤り。

エ．誤り。

(単位：万円)

	第1期首	第1期末	第2期末	第3期末
収　入		500	500×1.03	500
支　出	1,000		100	
現価係数		1/1.030	$1/1.030^2$	$1/1.030^3$
収　入（現在価値）		485.4	485.4	457.6
支　出（現在価値）	1,000		94.3	

 解答

正 解　ア

ポイント　正味現在価値法のもとでの設備投資の意思決定の計算を習得しているかを問う。

解 説

投資案AのNPV：$3,000/(1+0.07)+3,000/(1+0.07)^2+3,000/(1+0.07)^3$
　　　　　　　　$+3,000/(1+0.07)^4-10,000=約162千円$

投資案BのNPV：$12,000/(1+0.07)^4-10,000=約-845千円$

投資案CのNPV：$1,500/(1+0.07)+2,500/(1+0.07)^2+3,500/(1+0.07)^3$
　　　　　　　　$+4,500/(1+0.07)^4-10,000=約-124千円$

正味現在価値が正である投資案Aだけが投資すべきと判断される。

したがって、アが正解。

財務管理 3級

E●現在価値計算 ＞ 2●投資計算

5●内部収益率法

テキスト第5章第2節

解答

正解 イ

ポイント 内部収益率法の計算を習得しているかを問う。

解説

ア．誤り。
イ．正しい。
ウ．誤り。
エ．誤り。

　割引率8％で計算した正味現在価値がゼロとなれば、当該投資案の内部収益率が8％となる。

$3{,}000 / (1+0.08) + 3{,}000 / (1+0.08)^2 + 3{,}000 / (1+0.08)^3$
　　　　$+ (3{,}000 + 1{,}000) / (1+0.08)^4 -$ 投資額 $=$ NPV 0

∴　投資額 $= 10{,}671.4 \cdots \to 10{,}671$

解答・解説編

E●現在価値計算 ＞ ２●投資計算

6●正味現在価値法と内部収益率法の比較
テキスト第５章第２節

 解答　　　　　　　　　　　　　　　　　　　　　　　H28後

正解　イ
ポイント　正味現在価値法と内部収益率法に関する知識を問う。
解説
ア．適切。
イ．不適切。投資税額控除を受けて初期投資額が減少する場合、正味現在価値は増加し、内部収益率も上昇する。
ウ．適切。
エ．適切。

 解答　　　　　　　　　　　　　　　　　　　　　　　

正解　ウ
ポイント　投資計算の手法に関する知識を問う。
解説
ア．不適切。回収期間の短い投資案を優先的に採用すべきである。
イ．不適切。正味現在価値と営業利益合計の間にそのような関係はない。
ウ．適切。
エ．不適切。２つ以上の内部収益率が計算される場合に、選択肢のような方法で投資案の採否を判断することはない。

F●金融資産への投資 > 1●資産価値評価の基本

2●投資におけるリスクと価値評価

テキスト第6章第1節

問題89 解答

H26後

正解 イ

ポイント 債券のリスクに関する知識を問う。

解説
ア．適切。価格変動リスクは、満期まで保有する場合には実質的に負わないことになる。
イ．不適切。債券格付けは債券の信用リスクの尺度である。
ウ．適切。一般的には、国債は国が発行している以上、会社が発行する社債よりもデフォルトリスクは小さいと考えられている。
エ．適切。

問題90 解答

H24前

正解 イ

ポイント リスクに関する知識を問う。

解説
ア．適切。証券投資などについてリスクといった場合、ダウンサイドのリスクのみならずアップサイドのリスクも含まれる。
イ．不適切。デリバティブは一般的にはリスクは非常に高く、リスクが低いとはいえない。
ウ．適切。
エ．適切。

F●金融資産への投資 ＞ 2●金融資産への投資

1●金融商品の種類

テキスト第6章第2節

問題91 解答

H26後

正 解　イ

ポイント　金融商品に関する知識を問う。

解 説

ア．不適切。投資対象となる預金は利殖を目的としたものであり、決済用預金（普通預金など）は利息がつくものの、その目的は投資ではない。

イ．適切。

ウ．不適切。債券投資からは、インカムゲインとキャピタルゲインの双方が期待できる。

エ．不適切。株式を支配目的で保有する場合の主たる目的は、当該企業が生み出すキャッシュ・フローである。

財務管理 3級

F●金融資産への投資 ＞ 2●金融資産への投資

2●金融商品への投資
テキスト第6章第2節

H28前

正解 エ

ポイント 金融商品に関する知識を問う。

解説
ア．不適切。例えば、単利での利息計算と、年複利での利息計算を比較すると、期間が1年であれば利息は同額になるが、1年を超えると年複利の利息のほうが大きくなる（ただし、利払いは年1回とする）。
イ．不適切。カントリーリスクではなく為替変動リスクである。
ウ．不適切。一般的には、会社が倒産するケースのほうが、国が破産するケースよりも多い。つまり、社債のほうがハイリスクである。
エ．適切。

H25後

正解 ウ

ポイント 外貨建て投資の利回りの計算を習得しているかを問う。

解説
ア．誤り。
イ．誤り。
ウ．正しい。
エ．誤り。

　外貨預金預入れ時に必要となる円貨額は1,920,000円（＝20,000ドル×電信売相場96円／ドル）であるのに対し、1年後に払い戻される円貨額は2,038,400円（＝20,000ドル×1.04×電信買相場98円／ドル）である。
　したがって、利回りは6.166…％［＝（2,038,400円－1,920,000円）÷1,920,000

159

円］と求められる。

問題94 解答 H27後

正解 イ

ポイント 外貨建ての債券への投資に関する計算を習得しているかを問う。

解説

ア．適切。10,000ドル×5％＝500ドル（円換算すると9月30日の利息250ドル×98円＋3月31日の利息250ドル×108円を合わせて51,500円）である。

イ．不適切。満期までに受け取る資金は、償還金額（10,000ドル×108円）と利息51,500円とを合わせて1,131,500円である。また、取得価額は1,000,000円（10,000ドル×100円）である。したがって、社債の購入から償還までに131,500円の利益を得たことになる。

　一方で、1,000,000円を定期預金で運用していた場合に1年間に得られる利益は50,000円（1,000,000円×5％）である。

　このため、社債の購入によって多く獲得できた利益は81,500円である。選択肢の金額には投資元本の為替差益が含まれていない。

ウ．適切。償還金額が1,080,000円、取得価額が1,000,000円であり、取得時に額面金額で購入しているため、差額は全額為替相場の変動によるものである。

エ．適切。取得時から為替相場が変動していなければ25,000円（250ドル×100円）の利息を受け取ることができたが、為替相場が1ドル98円になっているため、実際に得られる利息は24,500円（250ドル×98円）になっている。

財務管理 3級

問題 95 解答
H27前

正解 ウ

ポイント 元利均等返済と元金均等返済に関する知識を問う。

解説
ア．不適切。元利均等返済の場合、返済額は一定である。
イ．不適切。元金均等返済の場合、返済額は逓減する。
ウ．適切。
エ．不適切。総返済額は、元金均等返済方式のほうが少なくなる。

問題 96 解答
H26前

正解 ウ

ポイント 利回りに関する知識を問う。

解説
ア．適切。他の条件が同一であれば、半年複利の場合のほうが年複利の場合よりも利回りは高くなる。
イ．適切。ゼロクーポン債の場合、クーポン（利息）がないため、取得価額は額面金額よりも小さくなる。このため、償還時に得る額面金額と取得価額との差額（つまり償還差益）をもとに利回りを計算することになる。
ウ．不適切。株式投資の利回りは、配当利回りに資本利得率を加えて算出する。つまり、配当だけではなく株価変動も考慮する。
エ．適切。

解答・解説編

 解答　　　　　　　　　　　　　　　　　　　H27前

正　解　ア

ポイント　金利や利回り等に関する知識を問う。

解　説

ア．適切。利息を再投資するまでの期間が短いほうが運用に有利となるため、1カ月複利のほうが表面利率は低くなる。
イ．不適切。利息の付き方として、「単利型」は、当初預け入れた元本に対してのみ利息が計算されるが、「複利型」は、一定期間ごとに支払われる利息を自動的に元本に組み込み、これを新しい元本として利息が計算されるため、満期時の元利合計額は多くなる。
ウ．不適切。一般的に固定金利型商品は金利下降時に有利な商品である。
エ．不適切。一般的に変動金利型商品は金利上昇時に有利な商品である。

　利息の付き方として、「単利型」は、当初預け入れた元本に対してのみ利息が計算されるが、「複利型」は、一定期間ごとに支払われる利息を自動的に元本に組み込み、これを新しい元本として利息が計算される。
　次に利率と利回りについては、「利率」は元本に対して支払われる利息の割合で、「利回り」は最終的に得た利益の総額における元本の割合である。最後に固定金利と変動金利については、「固定金利」は預け入れたときの金利が満期まで変わらないものをいい、「変動金利」は、預入れ期間の途中でも金利水準の変動により適用利率が見直されるものである。

財務管理 3級

F●金融資産への投資 ＞ 3●株式投資と債券投資

1●株式投資

テキスト第6章第3節

問題98 解答

H28前

正解 エ

ポイント 株式投資の投資収益率の計算を習得しているかを問う。

解説
ア．誤り。
イ．誤り。
ウ．誤り。
エ．正しい。株式投資収益率は［(インカムゲイン＋キャピタルゲイン)／取得時株価］であり、(5.2＋548－500)／500＝10.64％と求められる。

問題99 解答

H28後

正解 ア

ポイント 株式投資に関する様々な指標の計算を習得しているかを問う。

解説
ア．不適切。配当性向は25÷50＝50％と求められる。
イ．適切。配当利回りは、25÷2,000＝1.25％と求められる。
ウ．適切。PER（株価収益率）は、2,000÷50＝40倍と求められる。
エ．適切。PBR（株価純資産倍率）は、2,000÷800＝2.5倍と求められる。

F●金融資産への投資　＞　3●株式投資と債券投資

2●債券投資

テキスト第6章第3節

解答

正　解　ア

ポイント　債券価格についての知識を問う。

解　説

ア．適切。利付債価格は、$2／(1＋0.03)＋102／(1＋0.03)^2＝98.086$…であり、割引債価格は、$100／(1＋0.03)^2＝94.259$… となる。したがって、利付債価格のほうが割引債価格よりも高いといえる。

イ．不適切。

ウ．不適切。

エ．不適切。

ビジネス・キャリア®
検定試験
過去問題集 解説付き

BUSINESS CAREER

財務管理 2級

問題文及び解説文に適用されている法令等の名称や規定は、出題時以降に改正され、それに伴い正解や解説の内容も変わる場合があります。

財務管理 2級

ビジネス・キャリア®検定試験
過去問題編

過去問題編

A●資金調達・資金運用　＞　1●資金計画

テキスト第1章第1節

資金や資金計画に関する記述として不適切なものは、次のうちどれか。

ア．「連結財務諸表等におけるキャッシュ・フロー計算書の作成に関する実務指針」では、資金の範囲を現金及び要求払預金と定めている。
イ．要求払預金とは、顧客が事前に通知することなく、又は数日の事前通知によって自由に元本を引き出すことができる預金のことを指し、当座預金や通知預金等が該当する。
ウ．企業にとっては、黒字倒産という言葉もあるように、たとえ利益を計上していても資金不足になれば倒産に追い込まれる可能性があり、資金管理や資金計画は非常に重要である。
エ．現金同等物とは、容易に換金可能であり、かつ価値の変動について僅少なリスクしか負わない短期投資を指し、満期まで3カ月以内の定期預金・譲渡性預金・CP（コマーシャル・ペーパー）・公社債投資信託等が該当する。
オ．資金繰り表には、実績値に基づいて作成する実績資金繰り表と、3～6カ月先の資金フローを見積もる見積資金繰り表がある。

解答●p.286

キャッシュ・フローの管理に関する記述として不適切なものは、次のうちいくつあるか。

A．売上高成長率（売上高伸び率）の高い事業分野を、企業戦略の重点事業とするならば、その事業が生み出すキャッシュ・フローより多い支出を行

うこと、かつ、前期支出した以上のキャッシュ・フローの支出を行うことは妥当である。

B．直近の決算期において、当期純損失を計上しているが、営業キャッシュ・フローがプラスである場合、あるいは、当期純利益を計上していても、営業キャッシュ・フローがマイナスである場合、企業はともに倒産の危険性は高くない。

C．成熟産業においては、投資キャッシュ・フローにおける設備投資が営業キャッシュ・フローにおける減価償却費を下回ることもある。

D．同業他社に対する相対的マーケットシェアが高い事業分野においては、その事業から流入するキャッシュ・フローは、同業他社のそれよりも高い。

E．現預金の圧縮、売掛金・受取手形の圧縮、在庫の圧縮、固定資産の縮減、投資の圧縮、社債による資金調達を行うことによって、企業のキャッシュ・フローを改善できる。

ア．1つ
イ．2つ
ウ．3つ
エ．4つ
オ．5つ

A ● 資金調達・資金運用 ＞ 1 ● 資金計画

1 ● 資金

テキスト第1章第1節

問題 3

「連結財務諸表等におけるキャッシュ・フロー計算書の作成に関する実務指針」における資金の範囲に関する記述として不適切なものは、次のうちどれか。

ア．キャッシュ・フロー計算書が対象とする資金の範囲は、現金及び現金同等物である。
イ．現金とは、手許現金及び要求払預金を指し、定期預金は要求払預金に該当しない。
ウ．現金同等物とは、容易に換金可能であり、かつ、価値の変動について僅少なリスクしか負わない短期投資を指す。
エ．譲渡性預金とは、銀行が発行する無記名の定期預金証書であり、発行金額・期間に一定の制約があるものの、他人への譲渡が可能である。
オ．コマーシャル・ペーパーとは、事業会社が短期資金調達のためにオープン市場で発行する無担保の約束手形である。

解答 ● p.288

問題 4

以下に示す資金の範囲に関する記述において、（　）内にあてはまる語句の組合せとして適切なものは、次のうちどれか。

　資金は、企業活動の源泉である。「連結キャッシュ・フロー計算書等の作成基準」では、「連結キャッシュ・フロー計算書が対象とする資金の範囲は、現金及び（　A　）とする。
　1．現金とは、手許現金及び要求払預金をいう。

170

2.（　A　）とは、容易に換金可能であり、かつ、価値の変動について僅少なリスクしか負わない短期投資をいう。」とある。
　ここでいう要求払預金には、例えば当座預金、普通預金、（　B　）が含まれる。（　A　）には、例えば取得日から満期日又は償還日までの期間が、（　C　）以内の短期投資である定期預金、（　D　）、CP（コマーシャル・ペーパー）、売戻し条件付現先、公社債投資信託が含まれる。

ア．A：現金同等物　　　B：通知預金　　　C：1年　　　D：譲渡性預金
イ．A：現金同等物　　　B：譲渡性預金　　C：3カ月　　D：通知預金
ウ．A：現金同等物　　　B：通知預金　　　C：3カ月　　D：譲渡性預金
エ．A：市場性のある一時所有の有価証券
　　　　　　　　　　　　B：譲渡性預金　　C：1年　　　D：通知預金
オ．A：市場性のある一時所有の有価証券
　　　　　　　　　　　　B：通知預金　　　C：3カ月　　D：譲渡性預金

以下に示す＜資料＞に基づいた場合、総資本営業利益率と売上高営業利益率からみたA社のセグメント分析に関する記述において、（　　）内にあてはまる語句と数値の組合せとして適切なものは、次のうちどれか。
ただし、（　?　）は各自で推定し、数値は小数点以下第2位を四捨五入すること。
なお、「調整額」の項目は、セグメント間取引で消去される金額を示している。

過去問題編

<資料>

A社のセグメント情報

(単位：億円)

	ＩＴ機器	家庭電器	金融サービス	その他事業	調整額	連結財務諸表
売上高	13,706	88,891	4,097	4,177	0	110,871
営業利益	1,006	5,995	1,156	362	0	8,519
資産合計	11,617	54,377	56,942	3,387	△5,958	120,365
減価償却費	406	3,099	107	103	0	3,715
資本的支出	689	5,409	3,677	164	0	9,939

　金融サービスセグメントの売上高営業利益率は（　A　）％で他のセグメントよりも（　B　）。IT機器セグメントの総資本営業利益率は（　？　）％で、家庭電器セグメントよりも（　C　）。連結ベースの総資本営業利益率は（　？　）％であったが、金融サービスセグメントの総資本営業利益率は他のセグメントを（　D　）。

ア．A：28.2　　　B：高かった　　C：低かった　　D：下回った

イ．A：28.2　　　B：高かった　　C：高かった　　D：上回った

ウ．A：28.2　　　B：高かった　　C：低かった　　D：上回った

エ．A：2.0　　　B：低かった　　C：低かった　　D：下回った

オ．A：2.0　　　B：低かった　　C：高かった　　D：下回った

解答 p.290

1 ● 資金調達の目的

問題 6

株式による資金調達に関する記述として適切なものは、次のうちどれか。

ア．公募増資による資金調達は公平であることから、既存の株主全体及び特定の株主の利害を考慮することなく実行することができる。
イ．配当優先株式を議決権制限種類株式として発行し、資金を調達した場合、企業内の支配関係に影響を与えることとなる。
ウ．募集株式の募集事項の決定は、取締役会で決定することはできず、議決権を行使することができる株主の過半数が出席し、出席した当該株主の議決権の過半数をもって決議されなければならない。
エ．優先株式は、予定された配当が支払われなかった場合に、その不足額を次期以降に支払う参加的優先株式と、支払われない非参加的優先株式に区分される。
オ．一般に、株主の要求利益率は、負債のコストと比べて相対的に高いが、業績が悪い時期にはペイアウト（株主への支払い）を変更することができるため、資金のコストは弾力的である。

過去問題編

A ● 資金調達・資金運用 ＞ 2 ● 資金調達

2 ● 資金調達の種類

テキスト第1章第2節

問題 7

H29後

資金調達に関する記述として不適切なものは、次のうちどれか。

ア．直接金融とは、資金供給者と資金需要者とが、直接的に資本取引の契約を交わす形態のことであり、資金需要者は、その提供者に対して、資金使途や経営活動に関する説明責任を負う。
イ．内部留保は、残余所得の一部を配当金等の形で出資者へ還元せず、資産へ再投資するものである。
ウ．減価償却は、企業が取得した固定資産（ただし土地など一部を除く）のうち、当該期間に消費した価値の減少を指し、損益計算上、費用として計上されるが、資金の流出は伴わない。このため、減価償却計算は企業の内部に資金を還流させる効果をもつ。
エ．企業は、金融機関から借入れを受ける場合、自社の財務情報やその他の情報を提供し、融資元本や利息の支払い能力に関する審査を受けることになる。
オ．株式は、株式会社への出資者である株主の持分であり、法律的な地位を定める基準として均等な単位に分割される。株主は、帳簿閲覧権等の自益権、残余財産分配請求権等の共益権を有する。

解答 ● p.292

問題 8

H27前

資金調達の種類と方法に関する記述として適切なものは、次のうちどれか。

ア．直接金融とは、資金供給者と資金需要者とが、直接的に資本取引の契約を交わす形態のことであり、資金供給者はその需要者に対して、資金使途

や経営活動に関する説明責任を負うとともに、提供された資金及び活動を通じて得た利益を分配する義務を負う。
イ．転換社債型新株予約権の保有者は、権利行使請求期間内において、あらかじめ決められた行使価格により、一定数量の株式の発行又は当該企業が保有する自己株式の消却を請求できる。
ウ．事業活動の資金収支で最終的に残余となる所得は、株主に帰属する。内部留保は、この残余所得の一部又は全部を、株主に還元せず、企業内に留保するものであり、安全性の高い金融資産で運用されなければならない。
エ．減価償却費は、損益計算書上、費用として計上されるが、資金の社外流出を伴わない非資金項目であることから、企業内部に資金を還流させる効果を持つ。
オ．借入金は、不特定多数の市場参加者へ資金の提供を呼びかけるのではなく、投資家の資金を金融機関が束ねて、企業に提供する間接金融であり、企業と投資家との間の相対取引となる。

負債による資金調達に関する記述として不適切なものの組合せは、次のうちどれか。

A．借入れは、投資家の資金を金融機関が束ねて企業に提供する間接金融であり、企業と金融機関との取引所取引である。
B．社債による資金調達時における企業の重大な関心事は、発行価格、償還期間、クーポンレート等の発行条件や、信用調査会社による格付けである。
C．新株予約権付社債は、株価が行使価格を上回れば払込資本の増加を期待できるうえ、普通社債に比べてクーポンレートを低く抑えられるメリットがある。
D．転換社債型新株予約権付社債の保有者が権利行使すると、企業は社債の償還資金を手当てする必要がなく、かつ自己資本比率を低下させることができる。

E．転換社債型新株予約権付社債の中で、発行後一定期間の経過後に転換価額がそのときの株式の時価で算定し直される特約条項のついたものは、MSCBと呼ばれる。

ア．A、B、D
イ．A、B、E
ウ．B、C、D
エ．B、D、E
オ．C、E

問題 10

資金調達の方法に関する記述として不適切なものは、次のうちどれか。

ア．銀行借入れは、投資家の資金を金融機関が束ねて企業に提供する間接金融である。
イ．企業がシンジケートローンを利用すると、巨額の資金調達が可能となるが、多数の金融機関と交渉しなければならないことから、多額の事務コストがかかる。
ウ．証書借入れは、借入金額、金利、借入期間、返済方法等の借入れ条件を記載した契約証書を締結する個別相対取引である。
エ．普通社債は、不特定多数の投資家が購入できるよう小額に分割された譲渡可能な証券として発行される。
オ．社債による資金調達時における企業の関心事として発行価額、償還期間、クーポンレート等の発行条件や、社債格付け機関による格付け等が挙げられる。

A● 資金調達・資金運用 ＞ 3● 資金運用

1● 資金運用の目的

テキスト第1章第3節

問題 11

以下の＜資料＞に示すデータを持つ在庫において、定量発注方式によって在庫管理を行う場合、在庫の発注量と保管費用との和が最小になる経済的発注量として正しいものは、次のうちどれか。
ただし、計算値は、小数点以下第1位を四捨五入したものとする。

＜資料＞
・年間の在庫消費数量　　　　　　：　　500個
・1回当たりの発注費用　　　　　：80,000円
・年間の在庫1個当たりの保管費用：　2,000円

ア．　42個
イ．　83個
ウ．125個
エ．200個
オ．250個

過去問題編

A ● 資金調達・資金運用 ＞ 3 ● 資金運用

2 ● キャッシュ・マネジメント

テキスト第1章第3節

問題 12

在庫管理に関する記述のうち、（　　）内にあてはまる語句の組合せとして適切なものは、次のうちどれか。

　在庫管理におけるABC分析は、（　A　）を用いて在庫品の特性をつかむ手法である。単位当たりの在庫費用が少ない品目は、欠品を起こさないことを第一に心掛ければよいので、この種の在庫管理には（　B　）が適している。一方、在庫費用が高い品目は、多額の保管コストがかかるので、在庫として常備せず受注に応じて発注するか、（　C　）方式が適している。（　C　）方式では、発注時点での在庫量、安全在庫量及び（　D　）における消費量の関係から発注数量が決まる。前者と後者の中間的な特性を持つ品目の場合、その在庫管理には（　E　）方式が適している。

ア．A：損益分岐点図　　B：安全余裕発注方式　　C：定期発注
　　D：リードタイム　　E：定量発注

イ．A：パレート図　　　B：2ビン・システム　　C：定量発注
　　D：標準製造工程　　E：定期発注

ウ．A：損益分岐点図　　B：2ビン・システム　　C：定量発注
　　D：リードタイム　　E：定期発注

エ．A：パレート図　　　B：安全余裕発注方式　　C：定期発注
　　D：標準製造工程　　E：定量発注

オ．A：パレート図　　　B：2ビン・システム　　C：定期発注
　　D：リードタイム　　E：定量発注

解答 ● p.296

A●資金調達・資金運用　>　4●金融市場

2●資本市場

テキスト第1章第4節

問題 13

H27前

以下に示す債券Yと債券Zを満期まで保有した場合の利回りの差（債券Yの利回り－債券Zの利回り）として正しいものは、次のうちどれか。
ただし、利回りの計算は％で小数点以下第3位を四捨五入し、小数点以下第2位まで求めること。

債券Y：クーポンレート3％、購入価格98円、満期までの期間5年、
　　　　額面100円の利付債
債券Z：購入価格98円、満期までの期間1年、額面100円の短期割引債

ア．1.00％
イ．1.43％
ウ．2.00％
エ．2.40％
オ．3.00％

解答●p.297

短期(1年物)固定金利付社債において、クーポンレートを3.0%、期待インフレ率を1.0%とした場合、社債の実質金利として正しいものは、次のうちどれか。
ただし、選択肢の数値は、小数点以下第2位を四捨五入したものとする。

ア． −0.2%
イ． 0.3%
ウ． 2.0%
エ． 3.0%
オ． 98.1%

財務管理 2級

A●資金調達・資金運用 ＞ 4●金融市場

4●デリバティブ市場
テキスト第1章第4節

デリバティブ市場と、代表的なデリバティブ取引に関する記述として不適切なものは、次のうちどれか。

ア．金融商品取引法によれば、デリバティブ取引とは、市場デリバティブ取引、店頭デリバティブ取引又は外国市場デリバティブ取引をいう。
イ．東京金融取引所は、ユーロ円3カ月金利先物取引を上場している。
ウ．ＦＸ（外国為替証拠金取引）は、一定の保証金を預けて外国通貨を売買する取引所取引又はOTC取引（店頭取引）で、東京金融取引所に取引所為替証拠金取引が上場されている。
エ．通貨スワップとは、単一通貨の変動金利と固定金利のキャッシュ・フローを交換する取引である。
オ．OTC取引（店頭取引）におけるFRA（金利先渡取引）とは、将来の特定の日に特定の金利の値決めをする契約のことをいう。

解答 ●p.299

デリバティブとリスク管理に関する記述として不適切なものは、次のうちどれか。

ア．デリバティブは、原資産の将来の価格や状態の変動リスクに対処し、効率的な経済活動を行うために考え出された金融派生商品である。
イ．通貨先物は、将来の期日に事前に決めた条件で外国為替の受け渡しを行うという点で、先物為替予約取引に類似した取引であるが、店頭取引のため期日・金額等の取引条件がより自由に決められる。

過去問題編

ウ．不確実性下における企業の設備投資等の意思決定にあたって、リアル・
　オプションを活用した場合、企業価値の変動リスクに対処した事業展開を
　模索できる可能性がある。

エ．CDS（クレジット・デフォルト・スワップ）は、信用リスクの交換とい
　う意味でスワップ取引に分類されるが、デフォルトの発生をトリガーとす
　る取引であることから、デフォルト・オプションとも呼ばれる。

オ．金利先物はユーロ円などの金利を将来の期日に事前に決めた条件で取引
　する契約であり、東京金融取引所はユーロ円３カ月金利先物取引を上場し
　ている。

解答　p.300

財務管理 2級

A●資金調達・資金運用 ＞ 5●資産および企業の市場価値

1●資本コスト

テキスト第1章第5節

問題 17

H27後

以下に示すA社の＜資料＞に基づいた場合、DCF法による企業価値に関する記述において、（　）内にあてはまる語句と数値の組合せとして適切なものは、次のうちどれか。

＜資料＞

（単位：百万円）
売上高	400
営業利益	40
支払利息	10
税引前当期純利益	30
当期純利益	18

（単位：百万円）
負債合計（有利子負債）	200
純資産合計	200
資産合計	400

　A社の全投資家が受け取るキャッシュ・フローは、株主の（　A　）と債権者の（　B　）とを合わせた（　C　）百万円である。A社の企業価値は、無借金経営の場合の企業価値に有利子負債の（　D　）を加えて計算する。

ア．A：当期純利益　　　　　B：法人税　　C：22　　D：簿価
イ．A：当期純利益　　　　　B：支払利息　C：28
　　D：節税効果の現在価値
ウ．A：当期純利益　　　　　B：支払利息　C：28　　D：簿価
エ．A：税引前当期純利益　　B：法人税　　C：34　　D：簿価
オ．A：税引前当期純利益　　B：支払利息　C：40
　　D：節税効果の現在価値

解答●p.301

183

以下に示す＜資料＞に基づいた場合、加重平均資本コストとして正しいものは、次のうちどれか。

＜資料＞
1．現在の株価を500円、発行済株式数を1億株とする。
2．現在、300億円の社債を2％の金利で調達している。
3．法人税の実効税率を40％、株主資本コストを8％とする。

ア．3.75％
イ．4.60％
ウ．5.00％
エ．5.45％
オ．5.75％

A●資金調達・資金運用　＞　5●資産および企業の市場価値

2●資産評価

テキスト第1章第5節

C社の0年度から5年度及び6年度以降の所要財務データは以下に示す＜資料＞のとおりである。EVA®（経済付加価値：以下、EVAという）の概念を利用してC社の企業価値を算定する場合、適切なものは、次のうちどれか。ただし、当初投下資本（＝使用総資本：全て株主資本）を1,000百万円、資本コスト率を10％、投下資本利益率を当初5年20％、6年目以降を15％とする。

設備投資から減価償却費を差し引いた純投資額は＜資料＞のとおりであるが、6年目以降は0とする。

ただし、？に入る数値については各自で推定すること。また、「税引後営業利益（NOPAT）－（投下資本×資本コスト）」で計算される各年度のEVAは、資料中の「割引率10％の現価係数」を利用して現在価値を求め、数値は小数点以下第3位を四捨五入すること。

＜資料＞

（単位：百万円）

年度	税引後営業利益（NOPAT）	期末投下資本	純投資	資本費用	EVA	EVAの現在価値	EVAの現在価値の累積和	割引率10％の現価係数
0年度		1,000.00						
1年度	200.00	1,100.00	100.00	100.00	?	?	?	0.91
2年度	220.00	1,220.00	120.00	110.00	?	?	182.30	0.83
3年度	244.00	1,380.00	160.00	122.00	122.00	91.50	273.80	0.75
4年度	276.00	1,560.00	180.00	138.00	138.00	93.84	367.64	0.68
5年度	312.00	1,760.00	200.00	156.00	156.00	96.72	?	0.62
6年度以降	264.00	1,760.00	0.00	176.00	88.00	?	1,010.77	

ア．1年度のEVAは、200百万円である。

イ．2年度のEVAの現在価値は、91.3百万円である。

ウ．1年度～5年度のEVAの現在価値の累積和は、626百万円である。

エ．6年度以降のEVAの現在価値（残存価値の現在価値）は、54.56百万円である。

オ．EVAの現在価値の累積和に当初投下資本を加えた企業価値は、1,010.77百万円である。

財務管理 2級

A● 資金調達・資金運用　＞　5● 資産および企業の市場価値

3● 企業価値の評価

テキスト第1章第5節

B社の前期の業績は比較的好調に推移し、総資本利益率が8％、株主資本利益率が12％であった。しかし今期は業績の悪化が予想され、総資本利益率が2％まで落ち込む見込みであるという。このとき、B社の財務レバレッジ効果を考慮した株主資本利益率として正しいものは、次のうちどれか。
ただし、負債利子率は前期・今期とも3％で一定であり、B社の資本構成にも変化はないものとする。

ア．－0.6％
イ．　0.4％
ウ．　1.2％
エ．　4.8％
オ．　6.0％

以下に示す＜資料＞に基づいた場合、この企業の第1期から第5期までのEVA®（経済付加価値、以下、EVAという）の現在価値の合計として正しいものは、次のうちどれか。

＜資料＞

	第1期	第2期	第3期	第4期	第5期
NOPAT（税引後営業利益）（万円）	100	100	100	100	100
投下資本（万円）	800	640	480	320	160
加重平均資本コスト（％）	10	10	10	10	10
10％の現価係数	0.91	0.83	0.75	0.68	0.62

（注）1期は1年とする。

ア．1,854,000円
イ．2,400,000円
ウ．2,600,000円
エ．3,790,000円
オ．5,000,000円

A●資金調達・資金運用　＞　6●設備投資の財務評価

投資プロジェクトの評価に関する記述として不適切なものは、次のうちどれか。
ただし、投資は初期投資のみを前提としている。

ア．正味現在価値は、投資から得られる毎期の期待キャッシュ・フローを所定の資本コストで割り引いて現在価値を求め、その合計から投資額を差し引くことによって求められる。
イ．内部利益率とは、投資案から得られる毎期の期待キャッシュ・フローの現在価値合計額と投資額が等しくなるような利益率（割引率）である。
ウ．収益性指数法とは、投資から得られる毎期の期待キャッシュ・フローの現在価値合計を投資額で除した値が、1より大きいか否かで採否を決定する方法である。
エ．回収期間法は、投資金額を何年で回収できるかを評価基準とし、求められた投資案の回収所要期間が目標となる回収期間を上回る場合に、その投資案を採用するという方法である。
オ．平均会計的利益率法は、投資案から得られる毎期の税・減価償却費控除後利益の平均額を、投資額の平均額で除した値が、投資の切捨率を上回るかどうかで採否を決定する方法である。

A●資金調達・資金運用 > 7●リスク管理

1●信用リスクの管理

テキスト第1章第7節

以下に示す＜資料＞に基づいた場合、VaR（バリュー・アット・リスク）に関する記述として適切なものは、次のうちどれか。
ただし、VaRはポートフォリオ（資産）の金額、価格変動性（日次ボラティリティ）、信頼水準で計算すること。

＜資料＞
　ポートフォリオ（資産）の金額：100億円
　保有期間：1日
　価格変動性（日次ボラティリティ）：0.25％
　信頼水準：99％（2.33標準偏差）

ア．このポートフォリオのVaRは、価格変動性が0.25％、信頼水準が99％であるから、2,475万円である。
イ．このポートフォリオは、保有期間中に1％の確率で1日当たり5,825万円以上の損失を出す。
ウ．このポートフォリオが1年間で2,475万円以上の損失を出す確率は、1％である。
エ．このポートフォリオが1年間で出す損失は、99％の確率で5,825万円以内に収まる。
オ．このポートフォリオの損失が、保有期間中に5,825万円を越える確率は0.25％である。

A●資金調達・資金運用　＞　7●リスク管理

2●金利と通貨リスクの管理

以下に示す輸出会社の為替予約に関する記述のうち、（　　）内にあてはまる語句と数値の組合せとして適切なものは、次のうちどれか。
ただし、1年は365日、3カ月は91日として計算し、小数点以下第3位を四捨五入すること。

　3カ月後に200万ドルの輸出代金を受け取る予定であるD社は、為替変動リスクを回避するために為替予約の先渡し契約によるリスク・ヘッジを検討している。すなわち、「ドル」に対する「円」の上昇をヘッジするために、銀行（先渡し市場）に200万ドルの債権分の（　A　）ことによってリスク・ヘッジを行おうというのである。

　為替予約は先渡し契約（forward）であるから（　B　）取引で契約を結ぶことができ、その条件は取引者同士で個別に決まり、通常その決済は期日に現物を受け渡すことによって行われる。

　直物為替レートについては1ドルが120円、日本（円）の市場金利が0.5％、米国（ドル）の市場金利が1％だとすると、3カ月後の直先スプレッドは「－0.15＝d（0.15）」となるため、米ドル円先物相場は（　C　）円となる。200万ドルの債権は（　D　）万円で確定する。

ア．A：ドルを売り、円を買う　　B：店頭　　C：119.85　　D：23,970
イ．A：ドルを買い、円を買う　　B：市場　　C：119.85　　D：23,970
ウ．A：ドルを売り、円を買う　　B：店頭　　C：120.15　　D：24,030
エ．A：ドルを買い、円を売る　　B：店頭　　C：119.85　　D：23,970
オ．A：ドルを売り、円を買う　　B：市場　　C：120.15　　D：24,030

B●原価計算　＞　1●標準原価計算

1●標準原価計算の意義

問題25　

標準原価計算による原価管理に関する記述のうち、（　　）内にあてはまる語句の組合せとして適切なものは、次のうちどれか。
ただし、　?　に入る語句については各自で推定すること。

　原価管理のためには、（　A　）を科学的に設定し、それを指示・伝達する。現場ではその（　A　）を達成するために作業が行われ、実績を記録する。この実績と（　B　）を比較して、（　C　）を行う。（　?　）はその発生原因が分析され、それによって発生した部門及び部門長の業績が評価され、（　D　）が講じられる。これらのデータは（　E　）され、次期の（　A　）の設定に活用される。
　標準原価計算による原価管理は、（　C　）を中心とした事後的な原価管理である。目標としての標準と実績を比較して（　?　）を算定し、その発生原因を分析して、その（　?　）に対して（　D　）を講ずる。

ア．A：原価標準　　B：標準原価　　C：差異分析　　D：対策
　　E：修正

イ．A：原価標準　　B：標準原価　　C：差異分析　　D：是正措置
　　E：フィードバック

ウ．A：原価標準　　B：標準原価　　C：行動分析　　D：対策
　　E：フィードバック

エ．A：標準原価　　B：原価標準　　C：監視行動　　D：是正措置
　　E：フィードバック

オ．A：標準原価　　B：原価標準　　C：統制行動　　D：対策
　　E：修正

B●原価計算 ＞ 1●標準原価計算

2● 標準原価計算の目的

標準原価計算の目的に関する記述として、原価計算基準に照らして不適切なものは、次のうちどれか。

ア．標準原価計算は、達成目標となる標準原価を設定し、これと実際原価を比較して原価差異の算定を行い、これを分析することによって原価管理を可能にする。
イ．標準原価計算は、事前原価を計算するために、経営基本計画設定にあたり意思決定に有効な情報を提供する。
ウ．標準原価計算は、標準原価を勘定組織の中に組み入れることによって記帳を簡略化し、迅速化する。
エ．標準原価計算は、予算編成の際に信頼できる情報を提供する。
オ．標準原価計算は、財務諸表作成のために真実の原価として棚卸資産原価と売上原価の算定の基礎を提供する。

3 標準原価の種類

標準原価の種類に関する記述として不適切なものは、次のうちどれか。

ア．標準原価は、改訂の頻度、標準の厳格度、計算の範囲によって分類することができる。
イ．基準標準原価は、期待される原価と実際の原価との比較尺度となりうるように設定された標準原価で、経営の基礎構造に変化のないかぎり価格標準が変化しても改訂されない。
ウ．理想標準原価は、技術的に達成可能な最大操業度の下において最高の能率を表す最低の原価である。消費量の見積もりにおいて仕損、減損、遊休時間など余裕率を最大限に許容した理想的な状態のときに達成される標準原価である。
エ．正常標準原価は、経営における異常な状態を排除して、経営活動に関する比較的長期にわたる過去の実際数値を統計的に平準化し、これに将来の趨勢を加味して決定された標準原価である。
オ．直接標準原価は、発生した原価要素のうち直接原価（一般的には変動費）のみに対して設定する標準原価である。これは原価管理のみならず、利益管理にも有効な原価であるが、我が国では棚卸資産原価や売上原価の算定のためにはそのまま利用することはできない。

標準原価の種類と設定に関する記述として適切なものは、次のうちどれか。

ア．標準原価は、製造直接費については予算を設定し、それに基づいて計算するが、製造間接費については、単位当たり標準価格に標準数量を乗じて計算する。
イ．標準原価は、標準の厳格度を基準として、理想標準原価、現実的標準原価及び正常標準原価に区分される。
ウ．標準原価はしばしば改訂されるか、長期間固定されるかによって、当座標準原価と基準標準原価に区分されるが、これは、厳格度による標準原価の分類である。
エ．現実的標準原価は、良好な能率の下で達成が期待される標準原価であり、通常生じると思われる程度の仕損・減損等を除外していることから、原価管理のみならず、棚卸資産原価や売上原価の算定にも役立つ。
オ．理想標準原価は、理想の状態を基礎に置いた最も厳格度の高い標準原価であることから、棚卸資産原価や売上原価の算定のために利用するのがよい。

B● 原価計算 ＞ 1● 標準原価計算

5● 標準原価差異の算定と分析

C工業株式会社では、Z製品の生産及び販売をしており、標準原価計算を採用している。以下に示す同社の＜当月における関連資料＞に基づき直接労務費の差異分析を行った場合、賃率差異と作業時間差異の金額の組合せとして正しいものは、次のうちどれか。
ただし、直接労務費の差異分析は、我が国の通説に従って行うものとする。

＜当月における関連資料＞
A．当月の原価標準に関するデータ

標準原価カード

直接材料費：	240円/kg	×	10kg	=	2,400円
直接労務費：	800円/時間	×	4時間	=	3,200円
製造間接費：	700円/時間	×	4時間	=	2,800円
合　計（Z製品1個当たりの標準製造原価）					8,400円

（注）製造間接費は公式法変動予算で設定されており、そのデータは次のとおりとする。
・基準操業度（直接作業時間）：800時間（月間）
・変動費率：300円/時間
・固定費：320,000円（月間）

B．当月の生産データ

　　月初仕掛品　　　　0個
　　当月投入　　　　200
　　　投入量合計　　200個
　　月末仕掛品　　　50個（0.8）
　　完成品　　　　　150
　　　産出量合計　　200個

（注）1．材料は工程の始点で全て投入されるものとする。
　　　2．（　）の数値は、加工進ちょく度を示すものとする。

C．当月の原価データ

実際直接材料費：250円/kg×1,980kg＝495,000円

実際直接労務費：750円/時間×780時間＝585,000円

製造間接費実際発生額：570,000円

ア．賃率差異：39,000円（有利差異）　　作業時間差異：16,000円（有利差異）
イ．賃率差異：39,000円（有利差異）　　作業時間差異：16,000円（不利差異）
ウ．賃率差異：38,000円（有利差異）　　作業時間差異：20,000円（不利差異）
エ．賃率差異：40,000円（有利差異）　　作業時間差異：15,000円（有利差異）
オ．賃率差異：38,000円（有利差異）　　作業時間差異：15,000円（有利差異）

B●原価計算　>　1●標準原価計算

6● 標準原価計算の勘定記入

テキスト第2章第1節

 問題 30

 H27後

標準原価計算の勘定記入に関する記述として不適切なものは、次のうちどれか。

ア．シングル・プランでは、仕掛品勘定の借方、貸方ともに、実際原価で記入される。原価差異は通常、原価財投入のときに算定され、当該原価財勘定の借方あるいは貸方から各差異勘定へ振り替えられる。
イ．インプット法は原価差異を原価財投入時に算定・分離する方法である。インプット法を実施するためには、生産作業が標準化され、消費量を把握するための帳簿が完備されていなければならない。シングル・プランは、インプット法と結びつくことが多い。
ウ．パーシャル・プランでは、仕掛品勘定の借方には実際原価、貸方には標準原価が記入される。原価差異は通常、期末に算定され、仕掛品勘定の借方あるいは貸方から各差異勘定へ振り替えられる。
エ．アウトプット法は期末になってからでないと差異がわからないので、原価管理の面で劣る。パーシャル・プランは、アウトプット法と結びつくことが多い。
オ．修正パーシャル・プランでは、仕掛品勘定の借方には実際原価、貸方には標準原価が記入される。しかし、借方の実際原価は〔実際価格×実際数量〕ではなく、〔標準価格×実際数量〕である。

解答●p.318

B●原価計算 ＞ 1●標準原価計算

7●標準原価差異の会計処理

標準原価差異の会計処理に関する記述として不適切なものは、次のうちどれか。

ア．標準原価計算制度における原価差異の処理は、全て実際原価計算制度における処理の方法に準じて処理する。
イ．原価差異は、材料受入価格差異を除き、原則として当年度の売上原価に賦課する。
ウ．材料受入価格差異は、当年度の材料の払出高と期末有高に配賦する。この場合、材料の期末有高については、材料の適当な種類群別に配賦する。
エ．数量差異、作業時間差異、能率差異等であって異常な状態に基づくと認められるものは、これを非原価項目として処理する。
オ．標準原価差異を売上原価に賦課した場合、損益計算書では売上原価の内訳項目として記載される。

B●原価計算 > 1●標準原価計算

8●標準原価の改訂

以下に示す標準原価の改訂に関する記述として不適切なものは、次のうちどれか。

ア．当座標準原価は、作業条件の変化や価格要素の変動を反映させて、必要に応じて改訂される標準原価である。
イ．基準標準原価は、期待される原価と実際の原価との比較尺度になりうるように設定された標準原価で、経営の基礎構造に変化があっても改訂されない。
ウ．「原価計算基準」では、標準原価が基準標準原価でないかぎりは、必要に応じて改訂することを規定している。
エ．標準原価の改訂の頻度が増せば、その分現状を反映した実際原価に近い原価になる。
オ．標準原価の改訂の頻度が増せば、手間もコストも余計にかかる。

財務管理 2級

B●原価計算 > 2●原価の固変分解の意義

1●原価の固変分解の意義

テキスト第2章第2節

H28前

以下に示す原価の固変分解に関する記述において、（　）内にあてはまる語句と金額の組合せとして適切なものは、次のうちどれか。

　原価を固定費と変動費とに分解する方法には、会計的方法、（　A　）及び（　B　）がある。（　A　）は、既存の製品だけでなく、新製品の原価測定においても利用できる方法である。また、（　B　）には、高低点法、散布図表法等がある。
　以下に示す＜資料＞に基づき、会計的方法により、原価を固定費と変動費とに分解した場合、固定費の金額は（　C　）、変動費の金額は（　D　）となる。

＜資料＞
直接材料費　850,000円　直接労務費　500,000円（出来高給制による支払額）
火災保険料　200,000円　減価償却費　250,000円（定額法による算定額）
水道光熱費　350,000円（うち基本料金は150,000円）

ア．A：統計的方法　　B：工学的方法　　C：　600,000円
　　D：1,550,000円
イ．A：統計的方法　　B：費目別精査法　C：1,100,000円
　　D：　650,000円
ウ．A：統計的方法　　B：費目別精査法　C：　850,000円
　　D：1,300,000円
エ．A：工学的方法　　B：統計的方法　　C：　850,000円
　　D：1,300,000円
オ．A：工学的方法　　B：統計的方法　　C：　600,000円
　　D：1,550,000円

解答●p.321

201

B●原価計算　＞　２●原価の固変分解の意義

２●原価の固変分解の方法

E社は、製品Yを生産・販売する会社である。第10期の間接材料費の予測額は、過去４年間（第６期〜第９期）の実績値を用い、高低点法により変動費と固定費に分解し算出している。
以下に示す＜資料＞に基づいた場合、間接材料費の製品１個当たりの変動費と固定費（１期間）の組合せとして正しいものは、次のうちどれか。

＜資料＞

間接材料費の過去４期間の発生状況

	第６期	第７期	第８期	第９期
生産数量	9,000個	10,000個	7,000個	8,500個
間接材料費	640,000円	700,000円	550,000円	625,000円

（注）いずれの期も正常操業圏内である。

ア．製品１個当たりの変動費　50円、固定費（１期間）200,000円
イ．製品１個当たりの変動費　70円、固定費（１期間）550,000円
ウ．製品１個当たりの変動費　50円、固定費（１期間）150,000円
エ．製品１個当たりの変動費　50円、固定費（１期間）550,000円
オ．製品１個当たりの変動費　70円、固定費（１期間）200,000円

B●原価計算　>　3●CVP分析

1●CVP分析の意義

テキスト第2章第3節

問題 35

H27後

CVP分析に関する記述として不適切なものの組合せは、次のうちどれか。

A．全部原価計算を前提としたCVP分析では、生産量と販売量が一致するという仮定が必要となる。
B．CVP分析は、利益計画の策定において利用される代表的な技法であるが、特に中長期的な利益計画の策定に役立つ。
C．多品種の製品を同時に生産・販売する場合のCVP分析では、各製品の構成割合（セールス・ミックス）が一定という仮定が必要になる。
D．CVP分析において作成される損益分岐点図表には2つの作成法があるが、変動費線をベースとし、その上に固定費線を描いた図では、図の中で限界利益が二分されてしまう。
E．CVPの感度分析とは、製品の販売単価、販売数量、単位当たり変動費及び固定費などが変化した場合、利益がどれだけ変化するかを分析することである。

ア．A、B
イ．A、B、D
ウ．B、C、E
エ．B、D
オ．C、D、E

B ● 原価計算　＞　3 ● CVP分析

2 ● 損益分岐点図表

テキスト第2章第3節

問題 36

次年度に税引後当期純利益2,400,000円を達成したい。以下に示す当年度の＜資料＞を踏まえて、この目標利益を達成する販売数量として正しいものは、次のうちどれか。

＜資料＞
1．当年度の売上高　　9,000,000円（販売単価900円/個×販売数量10,000個）
2．当年度の原価
　　直接材料費　　　2,200,000円
　　直接労務費　　　1,540,000円（出来高給制による支払額）
　　製造間接費
　　　間接材料費　　　800,000円（うち40％は固定費）
　　　間接労務費　　　 80,000円（全て固定費）
　　　間接経費　　　　600,000円（うち30％は固定費）
　　販売費　　　　　　900,000円（うち60％は固定費）
　　一般管理費　　　　880,000円（全て固定費）
3．営業外収益・費用、特別利益・損失は発生しないものとする。
4．法人税等の税率は40％とする。
　　なお、次年度も販売単価、変動費率、固定費額に変化はないと仮定する。

ア．11,000個
イ．15,000個
ウ．20,000個
エ．25,000個
オ．30,000個

以下に示す損益分岐点の算定に関する記述において、（　）内にあてはまる語句の組合せとして適切なものは、次のうちどれか。

　損益分岐点を算定する方法として、図解法と公式法がある。図解法は、損益分岐点図表を作成し、その図から損益分岐点の売上高等を読み取る方法である。図表の作成法には、固定費をベースとし、その上に変動費線を描く方法（第1法）と、変動費をベースとし、その上に固定費を描く方法（第2法）とがある。
　このうち、損益分岐点を上回るとき、図の中で限界利益が二分されてしまうものは、（　A　）である。また、特に固定費の回収状況を重視する場合、（　B　）を用いることが適している。
　公式法は、計算式により、損益分岐点の売上高等を算定する方法であり、固定費を（　C　）で割ることにより、損益分岐点における売上高を算定することができる。また、固定費を（　D　）で割ることにより、損益分岐点における販売数量を算定することができる。

ア．A：第1法　　B：第1法　　C：限界利益率（＝限界利益÷売上高）
　　D：製品単位当たり変動費
イ．A：第1法　　B：第2法　　C：限界利益率（＝限界利益÷売上高）
　　D：製品単位当たり限界利益
ウ．A：第1法　　B：第2法　　C：変動費率（＝変動費÷売上高）
　　D：製品単位当たり売上高
エ．A：第2法　　B：第1法　　C：変動費率（＝変動費÷売上高）
　　D：製品単位当たり限界利益
オ．A：第2法　　B：第2法　　C：限界利益率（＝限界利益÷売上高）
　　D：製品単位当たり売上高

B●原価計算　＞　3●CVP分析

3● 損益分岐点分析の計算

次期における損益分岐点売上高と損益分岐点比率の組合せとして正しいものは、次のうちどれか。以下の＜資料＞に基づき答えなさい。

＜資料＞

F工業株式会社は製品Xを生産・販売する会社である。次期における直接原価計算ベースの予測損益計算書は、以下に示すとおりである。

予測損益計算書

（単位：円）

Ⅰ	売　上　高		4,000,000※
Ⅱ	変動売上原価		2,000,000
	変動差益		2,000,000
Ⅲ	変動販売費		500,000
	限界利益		1,500,000
Ⅳ	固　定　費		
	1．製造原価	800,000	
	2．販売費	200,000	
	3．一般管理費	200,000	1,200,000
	営業利益		300,000

※次期の予定販売単価は800円である。

ア．損益分岐点売上高　2,400,000円　　損益分岐点比率　40.0％
イ．損益分岐点売上高　2,400,000円　　損益分岐点比率　50.0％
ウ．損益分岐点売上高　3,200,000円　　損益分岐点比率　20.0％
エ．損益分岐点売上高　3,200,000円　　損益分岐点比率　80.0％
オ．損益分岐点売上高　3,700,000円　　損益分岐点比率　92.5％

B●原価計算 > 3●CVP分析

5●CVPの感度分析

テキスト第2章第3節

H23前

問題38の＜資料＞に基づき、以下の問いに答えなさい。

　Ｆ工業株式会社では、次期の営業利益の目標額を400,000円とし、目標達成のための再検討を行った。その結果、固定費のうち、製造原価と販売費はそれぞれ総額で5％の削減が可能であることが判明した。しかしながら、製品単位当たりの変動費及び固定一般管理費は、引下げの余地がないこともわかった。このとき、販売単価を5％引き下げ、販売数量を増やすことにより目標利益を達成しようとした場合、目標を達成するために必要となる販売数量として正しいものは、次のうちどれか。

ア．5,167個
イ．5,371個
ウ．5,525個
エ．5,848個
オ．5,962個

B ● 原価計算　＞　3 ● CVP分析

3 ● 損益分岐点分析の計算　　　テキスト第2章第3節

問題 40

以下に示す＜資料＞に基づき、損益分岐点販売数量、損益分岐点売上高、希望利益100,000円を達成する販売数量、次年度予測の安全余裕率、次年度予測の経営レバレッジ係数を計算した。正しいものは、次のうちいくつあるか。

＜資料＞
1．次年度予測売上数量　　1,875個
2．次年度予測販売単価　　400円
3．次年度予測原価データ

（単位：円）

製品1個当たりの変動費		固定費額（年間）
直接材料費	100	
直接労務費	80	
製造間接費	50	240,000
販売費及び一般管理費	10	
計	240	

A．損益分岐点販売数量　　　　　　　　　1,500個
B．損益分岐点売上高　　　　　　　　　　600,000円
C．希望利益100,000円を達成する販売数量　2,000個
D．安全余裕率　　　　　　　　　　　　　20％
E．経営レバレッジ係数　　　　　　　　　5

ア．1つ
イ．2つ
ウ．3つ
エ．4つ
オ．5つ

解答 ● p.328

以下に示す＜資料＞に基づいた場合、F社における当期の安全余裕率として正しいものは、次のうちどれか。
ただし、数値は小数点以下第1位を四捨五入すること。

＜資料＞
1．F社では、製品Wの生産及び販売をしている。
2．当期における販売数量は、7,000個である。
3．当期における直接原価計算ベースの損益計算書は、以下のとおりである。

直接原価計算ベースの損益計算書
（単位：円）

1．売　上　高		2,800,000
2．変動製造原価		1,400,000
変動製造マージン		1,400,000
3．変動販売費		280,000
限　界　利　益		1,120,000
4．固　定　費		
（1）固定製造原価	500,000	
（2）固定販売費・一般管理費	300,000	800,000
営　業　利　益		320,000

ア．29%
イ．40%
ウ．43%
エ．57%
オ．71%

過去問題編

以下に示す＜資料＞に基づいた場合、当年度の損益分岐点販売数量として正しいものは、次のうちどれか。

＜資料＞
1．当年度の売上高　　10,000,000円（販売単価 2,000円/個×販売数量 5,000個）
2．当年度の原価
　　直接材料費　　　　2,000,000円
　　直接労務費　　　　1,540,000円（出来高給制による支払額）
　　製造間接費
　　　間接材料費　　　　790,000円（うち430,000円は固定費）
　　　間接労務費　　　　950,000円（全て固定費）
　　　間接経費　　　　　530,000円（うち350,000円は固定費）
　　販　売　費　　　　　880,000円（うち460,000円は固定費）
　　一般管理費　　　　1,000,000円（全て固定費）

ア．2,700個
イ．2,900個
ウ．3,000個
エ．3,300個
オ．3,500個

製品Yを生産・販売するH社の財務データは以下に示す＜資料＞のとおりであり、売上高5,000,000円のときの損益分岐点比率は80％である。H社の営業利益（年間）を350,000円にするための売上高として正しいものは、次のうちどれか。
ただし、？　は各自で推定すること。

＜資料＞
1．販売単価　250円
2．原価
　　　製品単位当たり変動費　　　180円
　　　固定費（年間）　　　　　　？円

ア．4,350,000円
イ．4,700,000円
ウ．5,250,000円
エ．5,350,000円
オ．6,250,000円

B●原価計算　＞　3●CVP分析

4● 損益分岐点分析の仮定

テキスト第2章第3節

損益分岐点分析の仮定に関する記述として適切なものは、次のうちいくつあるか。

A．直接原価計算を用いて損益分岐点分析を行う際には、「生産量＝販売量」という仮定が必要である。
B．変動費は、営業量の増減に対応し、比例的に変動するという仮定が必要である。
C．固定費は、営業量の増減にかかわらず、一定期間において一定額発生するという仮定が必要である。
D．多品種の製品を生産・販売している場合には、それらの製品の組合せが一定であるという仮定が必要である。
E．営業量の増減にかかわらず、製品の販売単価は一定であるという仮定が必要である。

ア．1つ
イ．2つ
ウ．3つ
エ．4つ
オ．5つ

解答●p.332

B●原価計算 ＞ 3●CVP分析

6●多品種製品のCVP分析

E社は製品V、W、Xを生産・販売する会社であり、それぞれの製品の販売価格及び原価データは以下の＜資料＞のとおりであった。製品V、W、Xの販売数量の組合せを3：2：1にした場合の会社全体の損益分岐点における売上高として正しいものは、次のうちどれか。

＜資料＞

	製品V	製品W	製品X
販売単価	600円	500円	400円
単位当たり変動費	400円	300円	200円
固定費額（年間）	144,000円		

（注）固定費は製品V、W、Xに共通して発生している。

ア．243,000円

イ．282,000円

ウ．320,000円

エ．384,000円

オ．420,000円

B ● 原価計算 ＞ 4 ● 直接原価計算

1 ● 直接原価計算の意義　　　テキスト第2章第4節

直接原価計算に関する記述として不適切なものは、次のうちどれか。

ア．直接原価計算では、売上高と営業利益が比例関係にある。
イ．直接原価計算は、部分原価計算の代表的なものである。
ウ．直接原価計算は、複式簿記機構に結びついて行われる経常的な計算技法である。
エ．直接原価計算を外部報告目的に利用することは、一般的に承認されておらず、この目的に利用するためには、会計年度末に営業利益を調整する必要がある。
オ．直接原価計算により、短期の利益計画に役立つ原価・営業量・利益関係の情報が得られる。

B●原価計算 ＞ 4●直接原価計算

2●直接原価計算の利用目的　　テキスト第2章第4節

直接原価計算の機能に関する記述として適切なものの組合せは、次のうちどれか。

A．直接原価計算は、原価を変動費と固定費に分解することによって、原価・営業量・利益関係についての有用な情報を提供し、長期の利益計画に役立つ。
B．直接原価計算は、実際原価計算方式によって展開することで、固定費と変動費の管理に役立つ。つまり、変動費は実際原価を計算し、差異を分析することで管理し、固定費は総額で、予算によって管理する。
C．直接原価計算は、固定費・変動費といった原価概念、限界利益・貢献利益といった利益概念から、経営意思決定に役立つ情報を提供する。特に価格決定や最適セールス・ミックスの決定等に役立つ情報を提供する。
D．直接原価計算は、外部報告のため、貸借対照表の製品棚卸高、損益計算書の売上原価といった財務諸表に記載する原価データを提供する。このことは現行の会計制度でも、認められている。
E．直接原価計算の機能は、操業度との関係から原価を変動費と固定費に分解して把握することによって、原価・営業量・利益の関係が一義的に導き出されることに由来している。

ア．A、C、D
イ．A、E
ウ．B、C
エ．C、D、E
オ．C、E

B ● 原価計算　＞　4 ● 直接原価計算

3 ● 全部原価計算による営業利益と直接原価計算による営業利益　テキスト第2章第4節

問題 48

H27後

以下に示す＜資料＞に基づき、直接原価計算と全部原価計算による損益計算書を作成した場合、その計算結果に関する記述として不適切なものの組合せは、次のうちどれか。

＜資料＞
1．各期の生産・販売データ

	第1期	第2期	第3期
期首在庫量	0個	0個	100個
当期生産量	500個	600個	400個
当期販売量	500個	500個	500個
期末在庫量	0個	100個	0個

（注）各期とも期首・期末に仕掛品はない。

2．各期の売価・原価データ
　①販売価格　　800円
　②原　　価　　製品単位当たり変動製造原価　　　400円
　　　　　　　　製品単位当たり変動販売費　　　　100円
　　　　　　　　固定製造間接費　　　　　　　60,000円
　　　　　　　　固定一般管理費　　　　　　　40,000円

A．直接原価計算による損益計算書の第3期の営業利益は50,000円である。
B．直接原価計算による損益計算書では、3期とも営業利益の金額は異なる。
C．全部原価計算による損益計算書の第2期の営業利益は10,000円である。
D．全部原価計算による損益計算書では、第2期より第3期の営業利益が大きくなる。
E．3期分の営業利益を合計すると、直接原価計算による損益計算書も全部

原価計算による損益計算書も同じ金額になる。

ア．A、B、E
イ．A、C、D
ウ．B、C、D
エ．B、C、E
オ．C、D、E

B●原価計算　＞　4●直接原価計算

4● 直接原価計算における固定費調整　テキスト第2章第4節

以下に示す我が国の「原価計算基準」（30　総合原価計算における直接原価計算）における直接原価計算に関する記述とその解釈のうち、（　）内にあてはまる語句の組合せとして適切なものは、次のうちどれか。

　「総合原価計算において、必要ある場合には、一期間における製造費用のうち、（　A　）直接費及び（　A　）間接費のみを部門に集計して部門費を計算し、これに期首仕掛品を加えて完成品と期末仕掛品とにあん分して製品の（　B　）を計算し、（　C　）費を製品に集計しないことができる。
　この場合、会計年度末においては、当該会計期間に発生した（　C　）費額は、これを期末の仕掛品及び製品と当年度の売上品とに配賦する。」
　この記述は、（　D　）ことを述べたものであると解釈できる。

ア．A：変動　　　B：全部原価　　　C：固定
　　D：直接原価計算が我が国の公表財務諸表の作成用として認められる
イ．A：製造　　　B：総合原価　　　C：営業
　　D：直接原価計算は我が国の公表財務諸表の作成用としては認められず、総合原価計算において固定費を調整することによって利用することができる
ウ．A：固定　　　B：直接原価　　　C：変動
　　D：直接原価計算は我が国の公表財務諸表の作成用としては認められず、総合原価計算において固定費を調整することによって利用することができる
エ．A：変動　　　B：直接原価　　　C：固定
　　D：直接原価計算は我が国の公表財務諸表の作成用としては認められず、総合原価計算において固定費を調整することによって利用することができる

オ．A：製造　　　B：総合原価　　　C：営業
　　D：直接原価計算が我が国の公表財務諸表の作成用として認められる

以下に示す＜資料＞に基づき、一括調整法により期末棚卸資産に含まれる固定製造原価を計算した場合、期末製品に含まれる固定製造原価の金額として正しいものは、次のうちどれか。
ただし、追加配賦の基準としては、変動加工費を用いること。

＜資料＞
1．変動製造原価に関するデータ
　(1) 期首棚卸資産に含まれる変動製造原価
　　　　期首仕掛品：　　　　　　　　期首製品：
　　　　　直接材料費　12,000円　　　直接材料費　18,000円
　　　　　変動加工費　14,000円　　　変動加工費　21,000円
　(2) 期末棚卸資産に含まれる変動製造原価
　　　　期末仕掛品：　　　　　　　　期末製品：
　　　　　直接材料費　13,000円　　　直接材料費　18,000円
　　　　　変動加工費　16,000円　　　変動加工費　24,000円
　(3) 当期に発生した変動製造原価
　　　　直接材料費　　160,000円
　　　　変動加工費　　240,000円
2．固定製造原価に関するデータ
　(1) 期首棚卸資産に含まれる固定製造原価
　　　　期首仕掛品　　11,000円
　　　　期首製品　　　19,000円
　(2) 当期に発生した固定製造原価　330,000円

過去問題編

ア．19,800円
イ．28,800円
ウ．33,000円
エ．48,000円
オ．55,000円

解答 p.339

財務管理 2級

B●原価計算 ＞ 4●直接原価計算

5●直接標準原価計算

テキスト第2章第4節

問題 51

H27前

H社は、製品Uと製品Vを生産・販売する会社であり、直接標準原価計算と予算を結びつけた予算実績差異分析を実施している。以下に示す＜資料＞に基づき、営業利益の予算実績差異分析において販売量差異をさらに売上数量差異と売上品構成差異に分解した場合、製品Uのそれぞれの金額の組合せとして正しいものは、次のうちどれか。

＜資料＞
1．予算データ

	製品U	製品V	合　計
販売量	3,000個	2,000個	5,000個
売上高	600,000円	300,000円	900,000円
変動費	450,000	180,000	630,000
限界利益	150,000円	120,000円	270,000円
固定費			150,000
営業利益			120,000円

2．実績データ

	製品U	製品V	合　計
販売量	2,900個	1,900個	4,800個
売上高	551,000円	266,000円	817,000円
変動費	440,800	180,500	621,300
限界利益	110,200円	85,500円	195,700円
固定費			155,000
営業利益			40,700円

ア．売上数量差異　6,000円（不利差異）
　　売上品構成差異　1,000円（有利差異）
イ．売上数量差異　6,000円（有利差異）
　　売上品構成差異　1,000円（不利差異）
ウ．売上数量差異　6,000円（不利差異）
　　売上品構成差異　4,000円（有利差異）
エ．売上数量差異　24,000円（不利差異）
　　売上品構成差異　4,000円（有利差異）
オ．売上数量差異　24,000円（有利差異）
　　売上品構成差異　4,000円（不利差異）

問題 52　H28前

以下に示す直接標準原価計算に関する記述において、（　　）内にあてはまる語句と金額との組合せとして適切なものは、次のうちどれか。

　直接標準原価計算と予算とを結びつけ、予算実績差異分析を行った場合、販売活動に起因する差異としては、販売量差異と販売価格差異等が算定される。このとき、販売量差異は、実際販売量と予算販売量との差に、（　A　）を乗じて算定する。また、販売価格差異は、実際販売価格と予算販売価格との差に、（　B　）を乗じて算定する。以下に示す＜資料＞に基づき予算実績差異分析を行うと、販売量差異は（　C　）、販売価格差異は（　D　）となる。

<資料>

	予　算	実　績
販売数量	500個	480個
売 上 高	200,000円	187,200円
変 動 費	120,000	112,800
限界利益	80,000円	74,400円
固 定 費	50,000	50,000
営業利益	30,000円	24,400円

ア．A：製品単位当たり実際限界利益　　B：実際販売量
　　C：3,100円（不利差異）　　　　　　D：4,800円（有利差異）
イ．A：製品単位当たり予算限界利益　　B：実際販売量
　　C：3,200円（不利差異）　　　　　　D：4,800円（不利差異）
ウ．A：製品単位当たり予算限界利益　　B：予算販売量
　　C：3,200円（不利差異）　　　　　　D：5,000円（不利差異）
エ．A：製品単位当たり実際限界利益　　B：実際販売量
　　C：3,200円（不利差異）　　　　　　D：4,800円（有利差異）
オ．A：製品単位当たり実際限界利益　　B：予算販売量
　　C：3,100円（不利差異）　　　　　　D：5,000円（有利差異）

B●原価計算 ＞ 4●直接原価計算

6 ● 貢献利益法とセグメント別損益計算

F社は2種類の製品（製品T、U）を生産・販売する会社であり、販売地域を南関東と北関東に分け、純益法に基づく予測損益計算書＜資料1＞を作成している。＜資料1＞によれば北関東地域の営業利益はマイナスである。そこで、この地域での販売を中止すべきかを検討することになり、新たに＜資料2＞が作成された。この＜資料1、2＞に基づく判断として適切なものは、次のうちどれか。

＜資料1＞

地域別予測損益計算書

（単位：万円）

	南関東	北関東	合 計
売　　上　　高	90,000	40,000	130,000
売　上　原　価	65,000	30,000	95,000
売上総利益	25,000	10,000	35,000
販売費及び一般管理費	15,000	12,000	27,000
営　業　利　益	10,000	△2,000	8,000

＜資料2＞
1．各製品の売上高
　　製品T：70,000万円（うち、南関東地域　60,000万円）
　　製品U：60,000万円（うち、南関東地域　30,000万円）
2．各製品の原価構成
　　製品T：変動製造原価は売上高の50％、変動販売費は売上高の5％
　　製品U：変動製造原価は売上高の60％、変動販売費は売上高の10％

なお、全ての固定費は、地域に対しても製品に対しても共通固定費である。

ア．北関東地域への販売を中止すると会社全体の営業利益が2,000万円増加するため、この地域への販売を中止すべきである。
イ．北関東地域への販売を中止すると会社全体の営業利益が26,500万円増加するため、この地域への販売を中止すべきである。
ウ．北関東地域への販売を中止すると会社全体の営業利益が13,500万円減少するため、この地域への販売を中止すべきではない。
エ．北関東地域への販売を中止すると会社全体の営業利益が17,000万円減少するため、この地域への販売を中止すべきではない。
オ．北関東地域への販売を中止すると会社全体の営業利益が40,000万円減少するため、この地域への販売を中止すべきではない。

B●原価計算 ＞ 5●事業部の業績測定

2●事業部制における業績評価

以下に示すR事業部とS事業部からなるG社に関する＜資料＞に基づき、企業全体の残余利益を200万円としたい場合、S事業部の利益又は損失額として正しいものは、次のうちどれか。
ただし、R事業部の利益額は1,200万円とし、資本コスト率は10％とする。

＜資料＞

区分	R事業部	S事業部	企業合計
投資額	8,000万円	30,000万円	38,000万円

ア．－1,000万円（損失）
イ．　　800万円
ウ．　1,800万円
エ．　2,800万円
オ．　3,200万円

B●原価計算 ＞ 5●事業部の業績測定

3●事業部制における内部振替価格

テキスト第2章第5節

問題 55

H26前

以下に示す事業部門間における内部振替取引に関する記述のうち、（　）内にあてはまる語句の組合せ（一部）として適切なものは、次のうちどれか。

　事業部の業績評価は、利益額、投資利益率あるいは残余利益等によって行われるが、いずれの場合でも、（　A　）の算定が重要になる。各事業部が外部の取引先とのみ取引をしている場合はよいが、本社と事業部あるいは事業部間で取引をする場合、取り引きされる製品又はサービスに（　B　）を設定する必要がある。この（　B　）は事業部の（　A　）に影響を及ぼすので、その設定は慎重に行わなければならない。
　（　B　）の設定基準には、（　C　）、（　D　）及び（　E　）等がある。
　（　C　）は取り引きされる製品あるいはサービスの（　F　）が存在する場合にその（　F　）を基準に設定する方法で、外部の（　F　）をそのまま適用する（　G　）と企業内部間の取引で不要となる販売費分を差し引いて設定する（　H　）がある。
　（　D　）は（　C　）の適用が困難な場合に用いられる方法で、（　I　）を用いる全部原価基準と限界原価を用いる限界原価基準、これらの原価に一定の利益を加算する（　J　）等がある。
　（　E　）は、事業部間での交渉により（　B　）を設定する方法である。これは（　C　）や（　D　）による設定が適切でない場合に用いられる。

ア．A：原価額　　　　　　C：市価基準　　　　　F：市価
　　G：市価差引基準
イ．B：内部振替価格　　　D：原価基準　　　　　E：交渉価格基準
　　J：原価加算基準
ウ．C：市価基準　　　　　D：原価基準　　　　　H：単純市価基準
　　I：全部原価

エ．B：内部利益率　　　E：交渉価格基準　　F：内部取引価格
　　J：原価加算基準
オ．A：原価額　　　　　G：市価差引基準　　H：単純市価基準
　　I：全部原価

内部振替価格に関する記述のうち、（　　）内にあてはまる語句と数値の組合せとして適切なものは、次のうちどれか。

　内部振替価格の設定基準には、市価基準、原価基準及び交渉価格基準などがある。このうち市価基準は、外部の市価をそのまま適用する単純市価基準と、内部振替することにより不要となる（　A　）を市価から差し引いて適用する市価差引基準に分類できる。
　仮に、第１事業部で7,500万円の製造原価をかけ製造した部品Ｓ全てを、単純市価基準に基づき算定した9,000万円で第２事業部に供給し、第２事業部ではさらに1,800万円の加工費をかけ製品Ｔとして完成させ、その全てを12,000万円で販売した場合、第１事業部の利益は（　B　）、第２事業部の利益は（　C　）となる。

ア．A：製造原価　　　B：　　0万円　　C：2,700万円
イ．A：製造原価　　　B：1,500万円　　C：1,200万円
ウ．A：販売費　　　　B：1,500万円　　C：1,200万円
エ．A：販売費　　　　B：2,700万円　　C：　　0万円
オ．A：一般管理費　　B：2,700万円　　C：　　0万円

事業部制における内部振替価格の設定基準に関する記述として不適切なものの組合せは、次のうちどれか。

A．限界原価基準は、供給事業部の固定費のみを、内部振替価格とする方法である。この方法では、製品の販売による利益は、全て受入事業部の利益となり、供給事業部の利益は算定されない。
B．全部原価基準は、供給事業部の全部原価を、振替価格とする方法である。この方法では、製品の販売による利益は、受入事業部と供給事業部とに振り分けられる。
C．原価加算基準は、供給事業部の製造原価に一定の利益を加算し、内部振替価格を決定する方法である。
D．市価基準は、市場価格を内部振替価格とする方法であり、単純市価基準と市価差引基準とに区分される。このうち、市価差引基準は、企業内部の取引により、不要となる運送費や広告費を市価から差し引き、内部振替価格とする方法である。
E．全部原価基準では、供給事業部の能率の良否が、受入事業部の利益に影響を及ぼすため、全部標準原価基準よりも全部実際原価基準を適用することが有効である。

ア．A、B、D
イ．A、B、E
ウ．A、C、D
エ．B、C、E
オ．C、D、E

H28前

事業部制における内部振替価格に関する記述において、（　）内に入る語句と金額の組合せとして適切なものは、次のうちどれか。

　G社では、部品事業部で製造した部品を製品事業部に供給し、製品事業部ではそれに加工を加え製品として営業事業部に送っている。今、部品事業部は500万円で製造した部品を、製品事業部に全て市価基準により算定した内部振替価格700万円で供給した。製品事業部では、その部品にさらに300万円の加工費を投入して製品として完成させ、その製品製造原価の20％の利益を付して営業事業部に送付した。営業事業部ではこれを1,500万円で外部に販売した。このとき、部品事業部の利益は（　A　）、製品事業部の利益は（　B　）、営業事業部の利益は（　C　）と算定される。製品事業部の振替価格の算定方法を（　D　）という。

ア．A：200万円　　B：200万円　　C：300万円　　D：全部原価基準
イ．A：　　0円　　B：400万円　　C：300万円　　D：全部原価基準
ウ．A：200万円　　B：200万円　　C：300万円　　D：原価加算基準
エ．A：　　0円　　B：400万円　　C：300万円　　D：原価加算基準
オ．A：200万円　　B：240万円　　C：260万円　　D：原価加算基準

解答 ● p.347

B●原価計算 ＞ 6●営業費の管理

1●営業費のコスト・コントロール

問題 59

営業費管理方法に関する記述として適切なものの組合せは、次のうちどれか。

ア．注文獲得費：主として割当予算による管理
　　注文履行費：主として標準原価計算や変動予算による管理
　　一般管理費：主として固定予算による管理

イ．注文獲得費：主として割当予算による管理
　　注文履行費：主として固定予算による管理
　　一般管理費：主として標準原価計算や変動予算による管理

ウ．注文獲得費：主として固定予算による管理
　　注文履行費：主として割当予算による管理
　　一般管理費：主として標準原価計算や変動予算による管理

エ．注文獲得費：主として固定予算による管理
　　注文履行費：主として標準原価計算や変動予算による管理
　　一般管理費：主として割当予算による管理

オ．注文獲得費：主として標準原価計算や変動予算による管理
　　注文履行費：主として割当予算による管理
　　一般管理費：主として固定予算による管理

B●原価計算　＞　6●営業費の管理

2●営業費分析

テキスト第2章第6節

 問題 60

 H26後

以下に示す＜資料＞に基づき営業費を分析した場合、その分析結果をまとめた記述のうち、（　　）内にあてはまる語句の組合せとして適切なものは、次のうちどれか。
ただし、？に入る語句又は数値については、各自で推定すること。

＜資料＞
1．事業部別損益計算書①

	東日本事業部	西日本事業部	合　計
Ⅰ　売上高	800,000千円	600,000千円	1,400,000千円
Ⅱ　売上原価	560,000	480,000	1,040,000
売上総利益	240,000千円	120,000千円	360,000千円
Ⅲ　販売費及び一般管理費			
1．販売費	100,000	80,000	180,000
2．一般管理費	80,000	60,000	140,000
営業利益	60,000千円	－20,000千円	40,000千円

2．原価データ
　（1）変動費に関するデータ

	東日本事業部	西日本事業部
変動売上原価	売上原価の80％	売上原価の70％
変動販売費	販売費の60％	販売費の70％

　（2）固定費に関するデータ
　　　固定費については、製造固定費、固定販売費、一般管理費とも共通固定費であり、個別固定費はないものとする。

財務管理 **2級**

3．事業部別損益計算書②

	東日本事業部	西日本事業部	合　計
Ⅰ　売上高	800,000千円	600,000 円	1,400,000千円
Ⅱ　　？	？	？	？
変動製造マージン	？　千円	？　千円	？　千円
Ⅲ　　？	？	？	？
限界利益	？　千円	？　千円	？　千円
Ⅳ　　？			
1．製造固定費			？
2．固定販売費			？
3．一般管理費			？
営業利益			40,000千円

＜分析結果＞

　事業部の業績を、事業部別損益計算書①は（　A　）で、事業部別損益計算書②は（　B　）で分析したものである。（　B　）では、（　C　）の考え方に基づき、売上高から（　D　）を控除することで限界利益を算定し、限界利益から個別固定費を控除して貢献利益を計算することにより収益性を判断する。この事例では、（　A　）によれば西日本事業部は赤字なので、事業部の改廃を検討することになるが、（　B　）では、西日本事業部の変動製造マージンは（　E　）、限界利益は（　F　）となり、黒字なので存続させるべきである。ちなみに、固定販売費は（　G　）、固定一般管理費は（　H　）である。

ア．A：純益法　　　B：総益法　　　C：標準原価計算　D：直接費
　　E：616,000千円　F：500,000千円　G：80,000千円　H：60,000千円
イ．A：総益法　　　B：純益法　　　C：直接原価計算　D：直接費
　　E：264,000千円　F：500,000千円　G：64,000千円　H：140,000千円
ウ．A：純益法　　　B：総益法　　　C：直接原価計算　D：変動費
　　E：616,000千円　F：500,000千円　G：64,000千円　H：60,000千円
エ．A：総益法　　　B：純益法　　　C：標準原価計算　D：変動費
　　E：264,000千円　F：208,000千円　G：80,000千円　H：60,000千円
オ．A：純益法　　　B：総益法　　　C：直接原価計算　D：変動費

233

E：264,000千円　F：208,000千円　G：64,000千円　　H：140,000千円

問題61

H工業株式会社は、製品Pと製品Qを生産・販売する企業である。以下に示す＜資料＞に基づき、純益法による製品品種別損益計算書を作成した場合、製品Pの営業利益として正しいものは、次のうちどれか。

＜資料＞
1．売上高に関するデータ
　　製品P：2,000,000円　　製品Q：4,000,000円　　合計：6,000,000円
2．原価に関するデータ
　　売上原価※　製品P：1,200,000円　　製品Q：2,500,000円
　　※各製品とも、売上原価の80％は変動費とする。
　　販　売　費
　　　広告宣伝費　　750,000円（企業合計額）
　　　倉　庫　費　　600,000円（企業合計額）
　　一般管理費　　　600,000円（企業合計額）
3．販売費の配賦基準は次のとおりとする。最も適切な基準を選択し配賦すること。

配賦基準	製品P	製品Q
売　上　高	2,000,000円	4,000,000円
取扱品数量	200個	300個

4．一般管理費は、売上高を基準に配賦するものとする。

ア．10,000円
イ．110,000円
ウ．210,000円
エ．340,000円
オ．350,000円

2 差額原価収益分析の意義

問題62 H27後

差額原価収益分析に用いられる特殊原価概念に関する記述として不適切なものは、次のうちいくつあるか

A．埋没原価とは、すでに発生している歴史的原価であり、経営意思決定により変化せず代替案間で少しも異ならない無関連原価をいう。
B．付加原価とは、企業家賃金、自己が所有する土地の賃借料、自己資本利子等であり、現金の支出を伴うものである。
C．現金支出原価とは、経営意思決定によってすぐにあるいは近い将来に現金の支出を伴って生じる原価をいい、工場を閉鎖するか否かの意思決定などに利用されることがある。
D．差額原価とは、経営意思決定により変化し代替案間で異なる関連原価をいう。また、これと同様の原価概念に増分原価があり、差額原価の同義語あるいは下位概念として用いられることがある。
E．延期可能原価とは、現行の業務を行ううえでは特に支障がなく、その発生を将来に先送りできる原価をいい、機械設備の修繕維持費や予防保全費等がこれに該当する。また、延期可能原価は回避不能原価でもある。

ア．1つ
イ．2つ
ウ．3つ
エ．4つ
オ．5つ

B●原価計算 ＞ 7●業務執行的意思決定と差額原価収益分析

3●業務執行的意思決定のための差額原価収益分析の方法　テキスト第2章第7節

以下に示す＜資料＞から、製品NとOの営業利益が最大となる組合せを求めた場合、正しいものは次のうちどれか。

＜資料＞
1．販売価格と原価に関するデータ

	製品N	製品O
単位当たり販売価格	1,500円	2,000円
単位当たり変動費	1,000円	1,400円
固定費（月間）	4,000,000円	

2．生産・販売に関するデータ

	製品N	製品O
1単位の製品を生産するための直接作業時間	6分	5分
最大直接作業時間（月間）	900時間	
1単位の製品を生産するための機械運転時間	12分	15分
最大機械運転時間（月間）	2,100時間	

ア．製品Nの生産・販売数量：　　　　100単位
イ．製品Nの売上高：　　　　　　　1,500,000円
ウ．製品Oの生産・販売数量：　　　　 60単位
エ．製品Oの売上高：　　　　　　　7,200,000円
オ．最大の営業利益：　　　　　　　5,160,000円

以下に示す＜資料＞に基づいた場合、Ｉ社における次年度の生産計画策定にあたり、最大利益を得るための生産数量の組合せとして正しいものは、次のうちどれか。

＜資料＞
1．製品Ｍ、Ｎ、Ｏを生産・販売している。
2．製品Ｍ、Ｎ、Ｏの生産のために、最大で6,000時間までしか作業ができない。
3．各製品の需要上限は、次のとおりとする。
　　　製品Ｍ：3,000個
　　　製品Ｎ：4,000個
　　　製品Ｏ：5,000個
4．予算資料は、下表のとおりとする。

区　分	製品Ｍ	製品Ｎ	製品Ｏ
販売価格	1,000円/個	900円/個	800円/個
変 動 費	600円/個	675円/個	520円/個
作業時間	2時間/個	1時間/個	1時間/個
固 定 費	500,000円		

ア．製品Ｍ：　　0個　　製品Ｎ：4,000個　　製品Ｏ：1,000個
イ．製品Ｍ：1,000個　　製品Ｎ：4,000個　　製品Ｏ：　　0個
ウ．製品Ｍ：3,000個　　製品Ｎ：　　0個　　製品Ｏ：　　0個
エ．製品Ｍ：　　0個　　製品Ｎ：1,000個　　製品Ｏ：5,000個
オ．製品Ｍ：　500個　　製品Ｎ：　　0個　　製品Ｏ：5,000個

B●原価計算 ＞ 8●戦略的コスト・マネジメント

1●原価企画　テキスト第2章第8節

問題 65

原価企画に関する記述のうち、（　　）内にあてはまる語句の組合せとして適切なものは、次のうちどれか。

　原価企画は、製品の（　A　）段階を中心に、技術、生産、販売、購買、経理など企業の関連部署の総意を結集して原価低減と利益管理を図る、戦略的コスト・マネジメントの手法である。
　原価企画では、（　B　）、（　C　）、（　D　）という原価概念が用いられる。（　B　）は予定販売価格から目標利益を差し引いて算定された原価であり、トップ・マネジメントから指示された希望原価であるので、一般に厳しくなりがちである。（　C　）は改善目標を含まない現状原価としての見積原価で、技術者による原価見積りの出発点として活用される。（　D　）は、（　C　）に改善目標を加え、その結果を（　B　）と擦り合せ、達成可能ではあるがレベルの高い挑戦目標として設定された原価である。

ア．A：企画・設計　　B：標準原価　　C：見積原価　　D：実際原価
イ．A：企画・設計　　B：許容原価　　C：成行原価　　D：目標原価
ウ．A：企画・設計　　B：見積原価　　C：許容原価　　D：目標原価
エ．A：製造・販売　　B：標準原価　　C：見積原価　　D：目標原価
オ．A：製造・販売　　B：許容原価　　C：成行原価　　D：目標原価

J社は、L製品等の数種の製品を生産・販売する加工組立型の企業である。このたび、L製品のモデルチェンジに伴って、新L製品の原価企画による原価管理を実施することにした。以下に示す＜資料＞に基づいた場合、「A：成行原価」と「B：許容原価」との組合せとして正しいものは、次のうちどれか。

＜資料＞
1．L製品の現在の市場価格　　　　　　100万円
2．新L製品の予定販売価格　　　　　　110万円
3．中期利益計画による目標売上高利益率　30％
4．機能別コスト・テーブル

　　機能1　　25万円
　　機能2　　15万円
　　機能3　　30万円
　　機能4　　10万円
　　機能5　　20万円
　　機能6　　 5万円

（注）現在のL製品の機能は、機能1～機能5までであるが、新L製品には、新しく機能6が付加されるものとする。

ア．A： 70万円　　B：100万円
イ．A： 77万円　　B：105万円
ウ．A：100万円　　B： 77万円
エ．A：105万円　　B： 70万円
オ．A：105万円　　B： 77万円

過去問題編

B●原価計算 ＞ 8●戦略的コスト・マネジメント

2●ABC（活動基準原価計算）／ABM（活動基準管理） テキスト第2章第8節

問題 67

活動基準原価計算（ABC）及び活動基準管理（ABM）に関する記述として不適切なものは、次のうちどれか。

ア．活動基準原価計算は、製造間接費を活動（アクティビティ）を基準として、原価作用因（コスト・ドライバー）によって原価計算対象に割り当てていく原価計算の方法である。
イ．伝統的原価計算は、活動基準原価計算とは異なり製造間接費を直接作業時間や機械時間などの操業度関連の配賦基準によって製品に配賦する。
ウ．活動基準原価計算では、製品が活動を消費し、活動が資源を消費するという基本理念のもとに原価が計算される。そのため、原価割当の方法はまず第1段階として、活動から資源に割り当て、第2段階として資源から原価計算対象に割り当てられる。
エ．活動基準原価計算は、間接費を合理的に算定することによって、製品戦略、原価低減及び予算管理に活用することを主目的としている。
オ．活動基準管理は、活動やプロセスの改善による原価低減を主目的として、活動基準原価計算の情報をもとに実施される。

解答 ● p.359

問題 68

当社では、人件費と設備関連費を段取り及び検査の2つの活動に集計して、それぞれの活動から活動ドライバーによって製品ごとに集計している。
以下に示す＜資料＞に基づき、活動基準原価計算を用いた場合、製品LとMの単位当たり製造原価として正しいものは、次のうちどれか。
ただし、？に入る数値については、各自で推定すること。

財務管理 **2級**

<資料>

1. 製造直接費

　製品L　23,000千円　　　　　　製品M　12,800千円

2. 各活動が消費した経営資源（製造間接費）と資源ドライバー

経営資源 （間接費）	金　額	資源 ドライバー	各活動の資源消費量	
			段取り	検　査
人　件　費	16,800千円	作業時間	2,800時間	1,400時間
設備関連費	7,200千円	稼働時間	900時間	300時間

3. 各活動の活動原価

経営資源 （間接費）	各活動の活動原価		合　計
	段取り	検　査	
人　件　費	11,200千円	?	?
設備関連費	?	1,800千円	?
合　計	?	?	?

4. 活動ドライバーと各製品の活動量

活　動	活動 ドライバー	各製品の活動消費量	
		製品L	製品M
段取り	段取回数	80回	240回
検　査	検査回数	280回	520回

5. 製造数量

　製品L　25,000個　　　　　　製品M　　5,000個

ア．製品L：　920.0円/個　　　製品M：2,560円/個

イ．製品L：　269.6円/個　　　製品M：3,452円/個

ウ．製品L：1,202.4円/個　　　製品M：5,948円/個

エ．製品L：1,200.0円/個　　　製品M：5,960円/個

オ．製品L：1,189.6円/個　　　製品M：6,012円/個

解答 p.359

B●原価計算　＞　8●戦略的コスト・マネジメント

3●BSC

テキスト第2章第8節

問題 69

H28前

バランスト・スコアカードに関する記述において、（　　）内にあてはまる語句の組合せとして適切なものは、次のうちどれか。

　バランスト・スコアカードは、（　A　）、（　B　）関係、（　C　）の改善、（　D　）といった総合的な観点から、（　E　）を用いてビジョンと戦略の効果的な策定と実行を確保するとともに、報酬に連動させた業績評価システムとして、また経営の品質向上に資するなどの経営目的に役立たせられる、戦略的マネジメント・システムである。（　A　）の視点では、経常利益、投資利益率、残余利益などの財務指標によって（　B　）の視点では顧客満足度調査の結果、顧客収益性、マーケット・シェアなどによってセグメントの業績を測定する。（　C　）の視点では、特許権取得件数、開発効率、サイクルタイムなどによってビジネスと業務の改善を評価する。（　D　）の視点では、社員教育の回数、離職率、資格の取得などで評価する。

ア．A：財務　　　　　　　　　　B：顧客
　　C：内部ビジネス・プロセス　D：学習と成長
　　E：長期利益計画
イ．A：財務　　　　　　　　　　B：顧客
　　C：学習と成長　　　　　　　D：内部ビジネス・プロセス
　　E：長期利益計画
ウ．A：財務　　　　　　　　　　B：顧客
　　C：学習と成長　　　　　　　D：内部ビジネス・プロセス
　　E：戦略マップ
エ．A：財務　　　　　　　　　　B：顧客
　　C：内部ビジネス・プロセス　D：学習と成長
　　E：戦略マップ

財務管理 **2級**

オ．A：顧客　　　　　　　　　B：財務
　　C：内部ビジネス・プロセス　D：学習と成長
　　E：戦略マップ

解答 ●p.361

243

過去問題編

C●予算管理 ＞ 1●予算管理の意義と機能

1●予算管理の意義

テキスト第3章第1節

問題 70

H27後

予算管理の意義と機能に関する記述として不適切なものは、次のうちどれか。

ア．予算は企業の中・長期利益計画をベースとして策定された短期利益計画を実現するための実行計画である。
イ．予算管理は予算編成と予算統制からなる総合的な経営管理のプロセスである。
ウ．予算管理は主として過去の企業活動に基づいて将来の企業活動を計画し、これをコントロールしていく手段である。
エ．予算管理は計画、調整、是正の3つの機能を有し、これらは全て並列の関係にある。
オ．予算管理は企業活動の目標を設定し、それに合わせて行動を効率化していく目標管理の一手段である。

解答●p.362

問題 71

H28前

以下に示す「原価計算基準」を踏まえた予算に関する記述において、（　）内にあてはまる語句の組合せとして適切なものは、次のうちどれか。

　予算の編成並びに予算統制は、必要な原価資料を提供することから始まる。ここに予算とは、予算期間における企業の各業務分野の具体的な計画を（　A　）に表示し、これを総合編成したものである。また、予算期間における企業の（　B　）を指示し、各業務分野の諸活動を調整し、企業全般にわたる（　C　）の要具となるものである。
　さらに、予算は、業務執行に関する総合的な（　D　）であるが、予算編

244

成の過程には、例えば、製品組合せの決定、部品を自製するか外注するかの決定等、個々の選択的事項に関する（　E　）を含むことは、いうまでもない。

ア．A：貨幣的　　　B：原価目標　　C：部門的管理　　D：期間計画
　　E：戦略
イ．A：数量的　　　B：原価目標　　C：目標管理　　　D：個別計画
　　E：意思決定
ウ．A：貨幣的　　　B：利益目標　　C：総合的管理　　D：期間計画
　　E：意思決定
エ．A：数量的　　　B：利益目標　　C：部門的管理　　D：個別計画
　　E：業績評価
オ．A：貨幣的　　　B：利益目標　　C：総合的管理　　D：期間計画
　　E：戦略

C●予算管理 ＞ 1●予算管理の意義と機能

2●予算管理の機能

テキスト第3章第1節

予算管理の機能に関する記述において、（　）内にあてはまる語句の組合せとして適切なものは、次のうちどれか。

　予算管理は当初は（　A　）と呼ばれていたが、予算の（　B　）面だけでなく、予算を編成する（　C　）側面を重視するようになり、予算管理と呼ばれるようになった。しかし、単に（　C　）機能と（　B　）機能から構成されているのではなく、（　D　）内での活動の（　E　）機能を内包している。
　（　C　）機能は、希少資源の最適配分をするために、事前に業務の達成目標を設定することである。
　（　E　）機能は、部分最適を求めるあまり、部門間の対立が生じたり、全体最適が損なわれたりしないように、企業全体としてのバランスを取ることである。
　（　B　）機能は、事前に設定した目標と実績を突き合わせることで部門管理者や事業部管理者の業務を評価することである。

ア．A：予算統制　　B：統制　　C：編成　　D：集権組織　　E：計画
イ．A：予算編成　　B：計画　　C：調整　　D：分権組織　　E：統制
ウ．A：予算統制　　B：統制　　C：編成　　D：集権組織　　E：調整
エ．A：予算編成　　B：編成　　C：計画　　D：分権組織　　E：統制
オ．A：予算統制　　B：統制　　C：計画　　D：分権組織　　E：調整

C●予算管理 ＞ 2●予算管理と会社組織

1●管理責任の確立と責任会計

責任会計に関する記述として不適切なものは、次のうちどれか。

ア．責任会計は、予算数値と実績数値を比較し、差異を分析し、その原因・調査分析を行い、経営管理者の活動業績責任を適切に測定し、公正に評価するために役立つ。
イ．管理者に対して設定する責任区分を責任センターといい、収益センター、費用センター、原価センター、利益センター、投資センターがある。
ウ．予算管理では各センターにおける責任を予算として編成し、実績と比較され、業績が評価されるため、予算は個々の組織ユニットの責任を示す尺度といえる。
エ．経営管理者のやる気を鼓舞し、組織全体の効率性を高めるため、管理者に責任区分を設定し、管理者の目標と業績を会計的に明示する必要がある。
オ．管理会計は意思決定会計と業績評価会計に分けられるが、責任会計は意思決定会計の中核をなす考え方である。

C ● 予算管理　＞　2 ● 予算管理と会社組織

2 ● 予算管理組織

テキスト第3章第2節

以下に示す予算管理組織に関する記述において、（　）内にあてはまる語句の組合せとして適切なものは、次のうちどれか。

　予算を実効あるものとして実施するには、予算管理組織が確立していなければならない。予算管理組織は、（　A　）、（　B　）及び予算担当部門から構成される。この中で最も大きな役割を果たすのが、（　A　）である。（　A　）は、例えば、管理部長、経理部長、事業部長、営業部長、製造部長等がメンバーである。この役割は、（　C　）のような予算の水平的な調整、（　D　）のような垂直的な調整を行うことである。（　A　）は、予算案を作成するのではなく、とりまとめを行う役割を担う（　E　）である。実際には、予算委員会を置かずに、経理課や経営企画部が合同で予算編成を担当するようなケース等、様々な形態が存在する。

ア．A：予算委員会　　　　B：予算担当役員　　C：部門間調整
　　D：目標利益との調整　E：調整機関
イ．A：CFO　　　　　　　B：予算担当役員　　C：期間調整
　　D：目標利益との調整　E：決定機関
ウ．A：予算委員会　　　　B：経営企画部　　　C：期間調整
　　D：目標原価との調整　E：決定機関
エ．A：CFO　　　　　　　B：経営企画部　　　C：部門間調整
　　D：目標利益との調整　E：調整機関
オ．A：予算委員会　　　　B：予算担当役員　　C：目標利益との調整
　　D：部門間調整　　　　E：協議機関

解答　p.366

予算の種類と体系に関する記述として不適切なものは、次のうちどれか。

ア．資金予算は資金の運用を示した予算であり、現金収支予算、信用予算、正味運転資本予算から構成される。
イ．資本予算は設備投資やその他の投資に対する資金調達とそれらの実施に関する予算である。
ウ．損益予算、資金予算は経常予算と総称され、これらが予算の中核を形成する。
エ．損益予算は目標とする利益に到達できるように、予算期間内に生じうる収益と費用を明示したものである。
オ．経常予算は常時継続性を有する企業活動のための予算であり、株主からの資本金の調達とその支出に関わる予算である。

C●予算管理　＞　4●予算編成手続

問題 76

予算編成手続に関する記述として適切なものは、次のうちどれか。

ア．予算は編成方式の違いから、割当型予算と積上型予算に区分できるが、前者の主体はロアー・マネジメントで、後者はトップ・マネジメントである。
イ．予算管理は予算編成からスタートするが、そのとき予算編成方針がロアー・マネジメントから示される。
ウ．総合予算の最終形態は見積貸借対照表、見積損益計算書、見積資金繰り表である。
エ．部門予算は部門の最適化を図るための予算であり、総合予算との調整を図る必要はない。
オ．参加型予算管理は従業員全てが予算編成に参加する方式で、管理者は除外される。

C ● 予算管理 ＞ 4 ● 予算編成手続

1 ● 予算編成の流れ

テキスト第3章第4節

問題 77

以下に示す予算編成に関する記述において、（　）内にあてはまる語句の組合せ（一部）として適切なものは、次のうちどれか。

　予算はその編成方法の違いによって、（　A　）と（　B　）とに区分できる。その特徴は以下のとおりである。
　（　A　）は（　C　）が一方的に予算を編成し、これを（　D　）に提示する方式の予算である。この編成方式では、企業構成員における参加意識が欠如し、予算による（　E　）が機能しない傾向がある。
　他方、（　B　）は（　F　）が予算を主体的に編成し、これを総合して作成する方式の予算である。（　E　）の面では優れているが、（　C　）の意向が予算に反映されない傾向がある。
　通常は、両方式の折衷的な方法が用いられる。（　C　）が策定した利益計画に基づく予算編成方針を大枠として（　D　）が予算を編成し、これを調整する。これによって両方式の長所を生かした予算編成が可能になる。

ア．A：割当型予算　　B：積上型予算　　C：ロアー・マネジメント
　　E：調整機能
イ．A：割当型予算　　B：積上型予算　　C：ロアー・マネジメント
　　E：動機づけ
ウ．A：積上型予算　　B：割当型予算　　C：ロアー・マネジメント
　　E：動機づけ
エ．A：割当型予算　　B：積上型予算　　C：トップ・マネジメント
　　E：動機づけ
オ．A：積上型予算　　B：割当型予算　　C：トップ・マネジメント
　　E：調整機能

解答 ● p.369

予算編成の流れに関する記述のうち、（　　）内にあてはまる語句の組合せとして適切なものは、次のうちどれか。

　予算はその編成方式の違いによって、（　A　）と（　B　）に区分できる。（　A　）はトップ・マネジメントが一方的に予算を編成し、これを下位管理者たちに提示する方式で、（　B　）はロアー・マネジメントが予算を主体的に編成し、これを総合して作成する方式である。通常、これらの折衷的な方法が用いられる。つまり、トップ・マネジメントが策定した利益計画に基づく（　C　）を大枠として下位管理者たちが予算を編成し、これをトップ・マネジメントと調整を図る。これにより、両者の編成方式の長所を生かした予算編成が可能になる。この方式による予算編成は次の手順で行われる。
①（　D　）の設定
②大綱的利益計画の策定
③（　C　）の作成と各部門への示達
④各（　E　）の作成
⑤各（　E　）の総合調整
⑥（　F　）の作成
⑦部門・総合予算案の検討・調整
⑧予算の決定

ア．A：割当型予算　　　B：積上型予算　　　C：短期利益計画
　　D：期間利益目標　　E：総合予算案　　　F：部門予算案
イ．A：積上型予算　　　B：割当型予算　　　C：短期利益計画
　　D：売上高目標　　　E：部門予算案　　　F：総合予算案
ウ．A：割当型予算　　　B：積上型予算　　　C：予算編成方針
　　D：売上高目標　　　E：総合予算案　　　F：部門予算案
エ．A：積上型予算　　　B：割当型予算　　　C：予算編成方針
　　D：期間利益目標　　E：部門予算案　　　F：総合予算案

オ．A：割当型予算　　　B：積上型予算　　　C：予算編成方針
　　D：期間利益目標　　E：部門予算案　　　F：総合予算案

1 損益予算の意義と構成

損益予算の意義と構成に関する記述のうち、下線部（A）～（F）において不適切なものは、次のうちいくつあるか。

(A) 損益予算は目標収益を具体化する手段であり、(B) 将来の収益や費用を業務計画として金額的に体系化したものである。損益予算は購買領域、製造領域、販売領域、管理領域に及ぶ予算なので、企業にとっては重要な役割を果たす。すなわち (C) 損益予算は売上高、売上原価、販売費及び一般管理費、営業外損益などの各貸借対照表項目を予算化したものである。損益予算には、次のようなものが含まれる。

(D) 販売予算は販売予測を起点にして編成され、売上高予算、売上原価予算、販売費予算から構成される。販売予算は実質的な予算の出発点であり、マーケティング活動全般の管理に用いられる販売計画の実行計画である。市場生産による場合には、販売予測によって売上高予算が決定され、それにより製造予算が編成される。

(E) 製造予算は、製造部門の円滑な活動を支援するために編成される。販売部門の予算である販売予算と並んで損益予算の一分枝であり、企業予算の中でも重要な位置を占める。特に市場型・販売型生産では販売前に製造が完了している必要があるので、販売予算と密接な関係がある。製造高予算はどの製品をいつどれだけ製造するかの実行計画であり、これに基づいて製造費用予算が編成される。

(F) 一般管理費予算は本社自らの維持管理のために支出する費用の予算であり、予測売上高、予測販売量、売上高予算を基に編成される。

ア．1つ
イ．2つ
ウ．3つ

エ．4つ
オ．5つ

2 販売予算案の編成

問題 80

販売予算の編成に関する記述として適切なものは、次のうちどれか。

ア．販売予算の編成は、利益計画を踏まえた販売予測からスタートし、売上高予算、売上原価予算、販売費予算、研究開発費予算等から構成される。
イ．販売費予算は、注文を履行するために生じる発送費、保管費等の注文履行費と、注文を獲得するために生じる広告宣伝費等の注文獲得費とに分類して編成される。
ウ．売上高予算は、製品種類やグループ別、販売地域別、販売条件別、顧客別、販売員別に作成されるが、このとき、予算は数量等の物量単位のみで作成される。
エ．売上高予算には、製品の戻り高、値引、割引等の予測困難な要因を含めることは適切ではなく、予算編成からは除外されるべき事項である。
オ．販売費予算は販売予算の一部であり、販売費を分析して編成されるが、継続的かつ反復的な活動から生じるので、標準が設定されることが多い。

財務管理 2級

C●予算管理　>　5●各種の予算編成

3●製造予算案の編成

テキスト第3章第5節

製造予算案の編成に関する記述として不適切なものは、次のうちどれか。

ア．製造高予算は、販売予算に基づく予算期間内に製造すべき製品の品目、数量、場所等の生産計画を金額で示したものである。
イ．購買予算は、資材などの購入計画であり、売上高予算、製造予算に基づく購買計画を金額で体系化したものである。
ウ．製造予算は、製造部門の円滑な活動を支援するために編成され、販売予算と並んで損益予算の1つである。
エ．製造費用予算は、製造活動に必要な生産要素に関する予算を編成したものであり、直接材料費予算、直接労務費予算、直接経費予算として編成される。
オ．在庫予算は、保有する棚卸資産に対する予算であり、在庫を適正量にコントロールするために編成される。

解答　p.373

製造間接費予算に関する記述として適切なものは、次のうちどれか。

ア．製造間接費予算は、製造高予算の重要な構成要素の1つである。
イ．製造間接費予算は、間接費管理の観点からも、変動費のみで予算編成されることが望ましい。
ウ．製造間接費予算の予算編成において、各費目を管理可能費と管理不能費とに分けても意味がない。
エ．製造間接費予算の主な目的として、製造間接費それ自体の管理を挙げる

ことができる。
オ．製造間接費予算は、間接材料費、間接労務費、間接経費及び間接販売費を含んだ予算である。

財務管理 2級

C●予算管理 ＞ 5●各種予算の編成

6●その他の予算案の編成　　　　　　　　テキスト第3章第5節

問題 83

H26前

H社は製品Rを製造販売するメーカーである。次の＜資料＞に基づいて作成された次期の予算損益計算書において、（　　）内にあてはまる金額の組合せとして正しいものは、次のうちどれか。

＜資料＞
1．次期の製品1個当たりの予算（次期も当期と同様）

	数量	価格	金額
直接材料費	5 kg	150円/kg	750円
直接労務費	1時間	950円/時	950
製造間接費	1時間	350円/時	350
計			2,050円

2．次期の製造間接費の変動予算データ（公式法変動予算）
　　変動費率150円/時、固定費額460,000円/期

3．次期予定販売価格　2,500円/個

4．計画次期生産量及び販売量
　　計画次期首製品在庫量　　100個
　　計画次期生産量　　　　　2,300
　　　　計　　　　　　　　　2,400個
　　計画次期販売量　　　　　2,200
　　計画次期末製品在庫量　　 200個

5．次期の販売費及び一般管理費の予算データ
　　販売費30円/個、一般管理費150,000円/期

過去問題編

6．期首及び期末に仕掛品在庫は存在しないと仮定する。

<u>予算損益計算書</u>

（単位：円）

1．売　　上　　高　　　　（　A　）
2．売　上　原　価　　　　（　B　）
3．売　上　総　利　益　　（　C　）
4．販売費及び一般管理費　（　D　）
5．営　業　利　益　　　　（　E　）

ア．A：5,750,000　　　B：4,479,000　　　C：1,271,000　　　D：219,000
　　E：1,052,000

イ．A：5,500,000　　　B：4,479,000　　　C：1,021,000　　　D：219,000
　　E：　802,000

ウ．A：5,500,000　　　B：4,510,000　　　C：　990,000　　　D：216,000
　　E：　774,000

エ．A：5,500,000　　　B：4,510,000　　　C：　990,000　　　D：219,000
　　E：　771,000

オ．A：5,500,000　　　B：4,550,000　　　C：　950,000　　　D：216,000
　　E：　734,000

解答 p.375

260

財務管理 2級

C● 予算管理　＞　6● 予算統制と予算実績差異分布

2● 予算実績差異分析　　テキスト第3章第6節

当社の予算によれば、製品Ｐの販売価格が1,000円、1個当たり売上原価が800円、販売数量は800個であった。また実績は、販売価格が1,100円、1個当たり売上原価が850円、販売数量は750個であった。
以上のデータから販売予算の差異分析を行った場合の販売価格差異、単位売上原価差異、単位売上総利益差異及び販売量差異の組合せとして正しいものは、次のうちどれか。
ただし、販売量差異は、売上原価予算におけるものを求めること。

ア．販売価格差異　　　　：75,000円（有利差異）
　　単位売上原価差異　　：37,500円（不利差異）
　　単位売上総利益差異：37,500円（有利差異）
　　販売量差異　　　　　：40,000円（有利差異）

イ．販売価格差異　　　　：75,000円（不利差異）
　　単位売上原価差異　　：37,500円（有利差異）
　　単位売上総利益差異：37,500円（不利差異）
　　販売量差異　　　　　：40,000円（不利差異）

ウ．販売価格差異　　　　：75,000円（有利差異）
　　単位売上原価差異　　：37,500円（有利差異）
　　単位売上総利益差異：37,500円（不利差異）
　　販売量差異　　　　　：50,000円（有利差異）

エ．販売価格差異　　　　：75,000円（不利差異）
　　単位売上原価差異　　：37,500円（有利差異）
　　単位売上総利益差異：37,500円（不利差異）

販売量差異　　　　　：40,000円（有利差異）

オ．販売価格差異　　　　：75,000円（有利差異）
　　単位売上原価差異　　：37,500円（不利差異）
　　単位売上総利益差異：37,500円（有利差異）
　　販売量差異　　　　　：10,000円（不利差異）

問題 85

予算実績差異分析に関する記述として不適切なものは、次のうちどれか。

ア．予算実績差異分析は、企業の総合的な経営管理を目的とするものであり、予算統制において、中心的な役割を果たすものである。
イ．予算実績差異分析においては、一般に、まず、総合予算の差異分析から始め、次いで、部門予算の差異分析へ展開する。
ウ．予算実績差異分析と標準原価差異分析とは、同一の分析であり、両者は何ら異なるところはない。
エ．製造予算の差異分析においては、製造高予算と製造費用予算とについて行われ、製造部門の業績評価に役立つ情報が入手できる。
オ．一般管理費予算の差異分析においては、費目別、プロジェクト別に、予算と実績とを比較して、その差異を算定し、差異の原因を分析する。

以下に示す予算実績差異の調査・報告と改善策の提案に関する記述として不適切なものは、次のうちどれか。

ア．予算報告書は、予算スタッフから各階層の経営管理者あてに提出される予算実績差異分析の結果に関する報告書である。各部門から予算スタッフに提出される予算実績報告書を含む場合もある。
イ．予算報告書を作成する目的は、①企業活動及び部門活動の業績評価に役立つ情報を提供すること、②次期の予算編成に役立つ情報を提供することである。
ウ．予算報告書は、全社的及び部門別に、予算と実績との比較及びその差異を表示したもので、トップ・マネジメントに提出する場合には、全社の業績が一覧できる、企業全般にわたる総合的な報告書が提出される。
エ．直接材料費予算における価格差異は、機械設備の不良、工具の未熟練、規格外材料の使用などの原因によって発生するので、それらを調査し、適切な改善措置を講じる必要がある。
オ．直接労務費予算における作業時間差異は、工員の怠慢、工員に対する監督の不徹底、機械設備の不良などの原因によって発生するので、それらを調査し、適切な改善措置を講じる必要がある。

D ● 経営分析 ＞ 1 ● 経営分析の意義

1 ● 経営分析の意義

テキスト第4章第1節

問題 87

以下に示す経営分析の意義に関する記述において、（　　）内にあてはまる語句の組合せとして適切なものは、次のうちどれか。

　経営分析は、自社や他社の経営状態を知り、問題点を把握し、改善の指針を得るために行うことが目的であることから、企業活動の過去の成果を金額単位で示した（　A　）だけでなく、企業が実社会で継続しつづける責任を果たす（　B　）であることを認識し、企業が行う諸活動や企業を形成する人的要素等の（　C　）が必要である。（　A　）を行う場合は、極力長い期間にわたって、安全性、収益性、成長性、（　D　）等を分析すべきである。

ア．A：財務諸表の分析　　B：リスクビジネス
　　C：実体面の分析　　　D：生産性

イ．A：財務諸表の分析　　B：ゴーイングコンサーン
　　C：実体面の分析　　　D：生産性

ウ．A：財務諸表の分析　　B：ゴーイングコンサーン
　　C：実体面の分析　　　D：コーポレートガバナンス

エ．A：実体面の分析　　　B：ゴーイングコンサーン
　　C：財務諸表の分析　　D：コーポレートガバナンス

オ．A：実体面の分析　　　B：リスクビジネス
　　C：財務諸表の分析　　D：生産性

解答 ● p.379

経営分析の意義に関する記述として不適切なものは、次のうちどれか。

ア．経営分析は、企業内容の良否を判断することが最終的な目的であることから、財務分析だけに偏らず、経営活動の実体面からの分析も含め、総合的に行うことが必要である。
イ．経営分析では、主として財務諸表を利用して会社の収益性や財務の安全性を定量的に判断しなければならないので、全ての会社は公認会計士又は監査法人の監査が義務づけられている。
ウ．経営分析は、過去情報である財務諸表の情報から、経営の原因を究明し、現在の経営実態を正確に把握し、将来の経営戦略を再構築する演繹的推論プロセスである。
エ．経営分析は、企業活動の一断面を示す経営指標から、企業の成長性、収益性や安全性等を判断するものである。
オ．経営分析は、財務諸表から経営指標を計算し、会社の実体を読み取る静態的経営分析と、企業活動を機能別の経営指標に再構築し、これにより、経営実体を把握する動態的経営分析とに分けられる。

D●経営分析 > 2●分析のための経営指標

2●収益性の分析に使う経営指標

テキスト第4章第2節

問題 89

H28前

以下に示す＜資料＞は、Ｉ社の第X8期の損益計算書（要約）及びその他の財務データである。（　　）内にあてはまる数値の組合せとして正しいものは、次のうちどれか。
ただし、財務比率は期末値で計算し、数値は小数点以下第3位を四捨五入すること。

＜資料＞

損益計算書（要約） 　　　（単位：千円）

	X8期
売上高	1,000
売上原価	700
売上総利益	300
販売費及び一般管理費	250
営業利益	50
受取利息・受取配当金	10
支払利息	40
経常利益	20
税引前当期純利益	20
法人税等	8
当期純利益	12

貸借対照表項目 　　　（単位：千円）

	X8期
総資産	700
自己資本	320

財務管理 **2級**

自己資本当期純利益率	（　A　）％
売上高事業利益率	（　B　）％
総資本回転率	（　C　）回
財務レバレッジ	（　D　）倍

ア．A：3.75　　B：6.00　　C：1.43　　D：0.46

イ．A：3.75　　B：6.00　　C：1.43　　D：2.19

ウ．A：3.75　　B：5.00　　C：1.43　　D：0.46

エ．A：1.71　　B：5.00　　C：0.70　　D：2.19

オ．A：1.71　　B：6.00　　C：0.70　　D：0.46

解答 p.381

D●経営分析　>　2●分析のための経営指標

5●生産性の分析に使う経営指標

以下に示す＜資料＞に基づいた場合、生産性の分析に関する記述として正しいものは、次のうちどれか。
ただし、計算は加算法（日本銀行方式）によるものとし、数値は小数点以下第1位を四捨五入すること。

＜資料＞

（単位：千円）

売上高	50,000
製造原価	45,000
人件費	2,500
減価償却費	500
賃借料	500
租税公課	0
支払利息	1,000
経常利益	500
法人税等	100
当期純利益	400
平均従業員数（人）	10

ア．粗付加価値は、4,000千円である。
イ．労働分配率は、50％である。
ウ．労働生産性は、400千円である。
エ．売上高付加価値率は、8％である。
オ．自己資本分配率は、80％である。

D●経営分析 ＞ 2●分析のための経営指標

6●回転率・回転期間の分析に使う経営指標

以下に示す＜資料＞に基づいた場合、経済情勢の変化後、増加運転資金として正しいものは、次のうちどれか。

＜資料＞

区　分	現　状	経済情勢変化後
月売上高	100百万円	100百万円
売上債権回転期間	3カ月	3.5カ月
棚卸資産回転期間	2カ月	2.5カ月
仕入債務回転期間	2.5カ月	2.5カ月

ア．60百万円
イ．100百万円
ウ．200百万円
エ．250百万円
オ．350百万円

D ● 経営分析　3 ● 問題発見と課題解決
1 ● 収益性の分析

同業種に属するJ社とK社の財務データ（決算年1回）は、以下に示す＜資料＞のとおりである。J社とK社の収益性に関する記述のうち、（　　）内にあてはまる数値と語句の組合せとして適切なものは、次のうちどれか。なお、財務比率は期末値で計算し、％は小数点以下第2位、その他数値は小数点以下第3位を四捨五入したものとする。

＜資料＞

要約貸借対照表　　　　　　　　　　　　　　　　　　　　　　（単位：百万円）

	J社	K社
流動資産	4,386	714
固定資産	4,536	309
資産合計	8,922	1,023
流動負債	3,860	318
固定負債	2,645	104
負債合計	6,505	422
純資産	2,417	601
負債・純資産合計	8,922	1,023

要約損益計算書　　　　　　　　　　　　　　　　　　　　　　（単位：百万円）

	J社	K社
売上高	6,836	683
売上原価	5,572	440
売上総利益	1,264	243
販売費及び一般管理費	814	60
営業利益	450	183
営業外収益	155	38
（うち受取利息・配当金）	100	38
営業外費用	321	12
経常利益	284	209
特別利益	129	1
特別損失	119	14
税引前当期純利益	294	196
当期純利益	218	101

財務管理 2級

　企業の事業活動からの資本収益性を示す指標として、（ A ）資本（ B ）利益率を計算し、これを売上高（ B ）利益率と（ A ）資本回転率に分解すると、結果は以下のとおりである。

	J社	K社
（ A ）資本（ B ）利益率	6.2 ％	（ C ）％
売上高（ B ）利益率	（ D ）％	32.4 ％
（ A ）資本回転率	0.77 回	（ E ）回

ア．A：経営　　B：営業　　C：36.8　　D：6.6　　E：0.67
イ．A：経営　　B：事業　　C：21.6　　D：6.6　　E：1.70
ウ．A：総　　　B：事業　　C：21.6　　D：8.0　　E：0.67
エ．A：総　　　B：事業　　C：36.8　　D：8.0　　E：0.67
オ．A：総　　　B：営業　　C：36.8　　D：6.6　　E：1.70

　以下に示す＜資料＞は、Ｊ社のXX期の損益計算書（要約）である。Ｊ社の金融収益と純金利負担率に関する記述において、（　）内にあてはまる語句と数値の組合せとして適切なものは、次のうちどれか。
　ただし、財務比率は期末値で計算し、数値は小数点以下第2位を四捨五入すること。

271

過去問題編

<資料>

損益計算書（要約）

（単位：百万円）

売上高	216
売上原価	178
売上総利益	38
販売費及び一般管理費	30
営業利益	8
受取利息	3
受取配当金	2
支払利息	5
経常利益	8
税引前当期純利益	8
法人税等	3
当期純利益	5

　J社の金融収益（支払利息−受取利息）は2百万円の（　A　）で、金融収益を分子にして計算した売上高純金融費用率（（支払利息−受取利息）／売上高）は（　B　）以下である。

　また、J社は保有株式からの（　C　）があるので、上述の金融収益に（　C　）を反映して計算した売上高純金利負担率は（　D　）である。

ア．A：支払超過　　　B：1％　　　C：受取配当金　　　　D：0.9％

イ．A：支払超過　　　B：1％　　　C：受取配当金　　　　D：ゼロ

ウ．A：支払超過　　　B：0.5％　　C：受取配当金　　　　D：0.9％

エ．A：受取超過　　　B：0.5％　　C：キャピタル・ゲイン　D：ゼロ

オ．A：受取超過　　　B：0.5％　　C：キャピタル・ゲイン　D：0.9％

解答 p.385

272

以下に示す＜資料＞の損益計算書（要約）及び貸借対照表（要約）に基づいた場合、以下に示す収益性に関する記述において、（　）内にあてはまる語句と数値の組合せとして正しいものは、次のうちどれか。
ただし、数値は小数点以下第2位を四捨五入すること。

＜資料＞

損益計算書（要約）

（平成XX年3月期）

（単位：千円）

売上高	2,025
売上原価	1,470
売上総利益	555
販売費及び一般管理費	457
営業利益	98
受取利息	119
支払利息	74
経常利益	143
税引前当期純利益	143
法人税等	57
当期純利益	86

貸借対照表（要約）

（平成XX年3月期）

（単位：千円）

流動資産	1,113	流動負債	700
固定資産		固定負債	39
有形固定資産	863	純資産	1,812
うち建設仮勘定	78	うち株主資本	1,800
無形固定資産	32	うち評価・換算差額等	12
投資その他の資産	543	うち新株予約権	0
資産合計	2,551	負債・純資産合計	2,551

経営資本営業利益率は、（　A　）のうち（　B　）に使用している資本が、

過去問題編

どれだけ効率的に活用されて営業利益を上げたのかを示す指標である。経営
資本を求めるには、完成前の（　С　）への支出額をいったん計上しておく
（　D　）と投資その他の資産とを控除するので、経営資本営業利益率は
（　Е　）％である。

ア．A：純資産　　　　　　　B：事業活動　　С：無形固定資産
　　D：評価・換算差額等　　E：3.9
イ．A：純資産　　　　　　　B：余資運用　　С：無形固定資産
　　D：建設仮勘定　　　　　E：5.1
ウ．A：総資本　　　　　　　B：事業活動　　С：有形固定資産
　　D：建設仮勘定　　　　　E：3.9
エ．A：総資本　　　　　　　B：余資運用　　С：有形固定資産
　　D：評価・換算差額等　　E：3.9
オ．A：総資本　　　　　　　B：事業活動　　С：有形固定資産
　　D：建設仮勘定　　　　　E：5.1

解答　p.386

D●経営分析 ＞ 3●問題発見と課題解決

2●安全性の分析

テキスト第4章第3節

以下に示す＜資料＞に基づいた場合、安全性に関する経営指標のうち、（　）内にあてはまる語句と数値の組合せとして正しいものは、次のうちどれか。ただし、財務比率は年度末値で計算し、％は小数点以下第1位を四捨五入したものとする。

安全性に関する経営指標

	平成X1年度	平成X2年度
流動比率	117％	116％
（　A　）	90％	（　D　）
（　B　）	118％	（　E　）
自己資本比率	46％	50％
（　C　）	92％	（　F　）

＜資料＞

要約貸借対照表

（単位：億円）

	平成X1年度	平成X2年度
流動資産		
現金及び預金	45	49
売上債権	28	21
棚卸資産	22	16
固定資産		
有形固定資産	70	66
投資その他の資産	101	124
資産合計	266	276
流動負債	81	74
固定負債	63	64
負債合計	144	138
純資産（自己資本）	122	138
負債・純資産合計	266	276

ア．A：当座比率　　　　B：負債比率　　　　　C：固定比率
　　D：66％　　　　　　E：50％　　　　　　　F：137％
イ．A：当座比率　　　　B：負債比率　　　　　C：固定長期適合率
　　D：95％　　　　　　E：100％　　　　　　 F：94％
ウ．A：当座比率　　　　B：財務レバレッジ　　C：固定比率
　　D：95％　　　　　　E：199％　　　　　　 F：94％
エ．A：固定比率　　　　B：負債比率　　　　　C：固定長期適合率
　　D：137％　　　　　 E：50％　　　　　　　F：100％
オ．A：固定比率　　　　B：財務レバレッジ　　C：当座比率
　　D：94％　　　　　　E：100％　　　　　　 F：95％

解答 p.387

問題 96

H28後

以下に示す＜資料＞の貸借対照表（要約）（決算年1回）に基づいた場合、安全性に関する記述において、（　　）内にあてはまる語句と数値の組合せとして正しいものは、次のうちどれか。
ただし、数値は小数点以下第2位を四捨五入すること。
なお、純資産の金額は自己資本と等しいものとする。

財務管理 **2級**

<資料>

貸借対照表（要約）

平成XX年XX月XX日

（単位：百万円）

流動資産		流動負債	
現金・預金	3,704	支払手形及び買掛金	11,704
受取手形及び売掛金	18,903	短期借入金	15,801
棚卸資産	7,971	その他	3,938
その他	1,299	流動負債合計	31,443
流動資産合計	31,877	固定負債	
固定資産		長期借入金	2,015
有形固定資産	9,096	その他	3,180
無形固定資産	105	固定負債合計	5,195
投資その他の資産	2,325	負債合計	36,638
固定資産合計	11,526	純資産	6,765
資産合計	43,403	負債・純資産合計	43,403

　流動比率は（　A　）％、当座比率は（　B　）％で、短期的に支払うべき債務の支払いに関して必ずしも十分な余裕があるとはいえない。したがって、短期的な資産の現金化がうまくいかない場合、支払いに支障が出る可能性がある。また、負債比率は（　C　）％であり、借入依存度は（　D　）といえる。

ア．A：101.4　　　B：139.1　　　C：84.4　　　D：低い

イ．A：101.4　　　B：71.9　　　C：541.6　　　D：高い

ウ．A：98.6　　　B：139.1　　　C：541.6　　　D：高い

エ．A：98.6　　　B：52.1　　　C：84.4　　　D：低い

オ．A：73.4　　　B：71.9　　　C：541.6　　　D：高い

解答 ● p.388

D●経営分析 ＞ 3●問題発見と課題解決

3●成長性の分析（持続的成長）

以下に示す＜資料＞に基づいた場合、P社の第7期から第9期にかけての趨勢比率に関する記述として不適切なものは、次のうちどれか。
ただし、財務比率は期末値で計算し、数値は小数点以下第2位を四捨五入すること。
なお、第8期・第9期の比率は、第7期を基準年度としたものである。

＜資料＞

貸借対照表（要約）

	第7期	第8期	第9期
	（億円）	（％）	（％）
流動資産	250	120.4	128.8
当座資産	200	121.5	128.5
棚卸資産	50	116.0	130.0
固定資産	150	94.7	94.7
資産合計	400	110.8	116.0
流動負債	140	92.1	101.4
固定負債	60	166.7	168.3
負債合計	200	114.5	121.5
純資産	200	107.0	110.5
負債・純資産合計	400	110.8	116.0

ア．第7期の流動比率178.6％はその後高まり、短期の支払能力が改善している。
イ．第7期の当座比率121.5％はその後高まり、より厳格な短期の支払能力が改善している。
ウ．第7期の固定比率75.0％はその後低下し、固定資産投資の調達・運用バランスが改善している。
エ．第7期の負債比率100.0％はその後高まり、借入依存度が高まっている。

財務管理 2級

オ．第7期の自己資本比率50.0%はその後低下し、純資産は負債を下回って
きた。

解答 p.389

D ● 経営分析　＞　3 ● 問題発見と課題解決

5 ● 回転率・回転期間の分析

売上債権回転期間に関する記述として不適切なものは、次のうちどれか。

ア．売上債権回転期間は、売上債権の有高が、月商（月売上高）の何カ月分あるかを示す指標で、企業の資金立替が月商の何カ月分に相当するかを見るために用いる。
イ．売上債権回転期間が短いということは、売上高のうち、売掛金や受取手形が多いことである。
ウ．売上債権が過大であるかどうかは、同業他社と比べて長すぎないか、前期と比較して長期化していないか等を調べて判断する。
エ．売上債権の回転期間は、「12÷回転率」の換算式で求めることができる。
オ．企業の売上債権回転期間が3カ月以下で回転している場合、現金預金が売上の3カ月ほどあれば、まず安心できる経営状態である。

D●経営分析　>　3●問題発見と課題解決

6●総合的な評価

テキスト第4章第3節

N社の第21期の財務データは、以下に示す＜資料＞のとおりである。
N社の純資産価値や企業価値に関する記述のうち、（　）内にあてはまる語句と数値の組合せとして適切なものは、次のうちどれか。
ただし、純資産価値や企業価値の計算はキャッシュ・フローを毎期一定としたDCF法を前提とし、負債合計（有利子負債）は200百万円、株主資本コストは8％、有利子負債利子率は5％、法人税の実効税率は40％とする。
なお、数値は小数点以下第1位を四捨五入したものとする。

＜資料＞

N社の財務データ

（単位：百万円）

売上高	400
営業利益	40
支払利息	10
税引前当期純利益	30
当期純利益	18

　N社の純資産価値は、当期純利益を（　A　）で除した（　B　）百万円である。法人税の実効税率勘案後の負債コストは（　C　）％である。N社の企業価値は純資産価値（　B　）百万円に負債を加えた（　D　）百万円である。

ア．A：加重平均資本コスト　　B：200　　C：3　　D：425
イ．A：加重平均資本コスト　　B：225　　C：5　　D：400
ウ．A：株主資本コスト　　　　B：200　　C：5　　D：425
エ．A：株主資本コスト　　　　B：225　　C：3　　D：425
オ．A：株主資本コスト　　　　B：225　　C：3　　D：400

Q社の第5期（前期）と第6期（当期）の損益計算書（要約）及び貸借対照表（要約）は、以下に示す＜資料＞のとおりである。Q社の財務比率と相互関連に関する記述として不適切なものは、次のうちどれか。
ただし、財務比率は期末値で計算し、数値は小数点以下第2位を四捨五入すること。
なお、自己資本当期純利益率は、「売上高当期純利益率」×「総資本回転率」×「財務レバレッジ（自己資本比率の逆数）」に分解できる。

＜資料＞

損益計算書（要約）

（単位：百万円）

	前期（第5期）		当期（第6期）	
		構成比		構成比
売上高	2,650	100.0%	3,100	100.0%
売上原価	2,000	75.5%	2,240	72.3%
売上総利益	650	24.5%	860	27.7%
販売費及び一般管理費	580	21.9%	620	20.0%
営業利益	70	2.6%	240	7.7%
受取利息・配当金	26	1.0%	50	1.6%
支払利息	55	2.1%	45	1.5%
経常利益	41	1.5%	245	7.9%
税引前当期純利益	41	1.5%	245	7.9%
法人税等	16	0.6%	98	3.2%
当期純利益	25	0.9%	147	4.7%

貸借対照表（要約）

（単位：百万円）

	前期（第5期）	当期（第6期）
現金預金	676	530
売上債権	650	730
棚卸資産	400	460
その他流動資産	180	230
流動資産合計	1,906	1,950
有形固定資産	1,400	1,500
無形固定資産	840	1,880
固定資産合計	2,240	3,380
資産合計	4,146	5,330
流動負債	1,637	1,480
固定負債	1,353	1,650
負債合計	2,990	3,130
純資産	1,156	2,200
負債・純資産合計	4,146	5,330

ア．当期の自己資本当期純利益率は6.7％で、総資産（総資本）当期純利益率に財務レバレッジを掛けて計算できる。

イ．当期の総資産当期純利益率は2.8％で、売上高当期純利益率に総資本回転率を掛けて計算できる。

ウ．当期の自己資本当期純利益率は前期比約3倍増であったが、その最大の要因は売上高当期純利益率（当期4.7％）が向上したことである。

エ．当期の売上高当期純利益率の向上に貢献した最大の要因は、損益計算書（要約）における構成比の比較から、売上高原価率（当期72.3％）の上昇である。

オ．流動比率（当期131.8％）は改善しており、財務の安全性が増したといえる。

財務管理 2級

ビジネス・キャリア®検定試験
解答・解説編

解答・解説編

A●資金調達・資金運用　＞　1●資金計画

テキスト第1章第1節

問題1 解答　H29前

正解　ア

ポイント　資金の範囲や資金管理・計画の重要性についての理解度を問う。

解説
ア．不適切。「連結財務諸表等におけるキャッシュ・フロー計算書の作成に関する実務指針」（日本公認会計士協会）では、資金の範囲を現金及び現金同等物と定めており、同指針による現金とは、手許現金と要求払預金を指す。
イ．適切。選択肢のとおり。
ウ．適切。黒字倒産が「勘定（利益）合って銭（資金）足らず」と称されるように、たとえ一定期間において全体として利益を計上しても、収益と費用の発生のタイミングやそれらの多寡の関係で資金不足に陥れば、企業は倒産に追い込まれることもある。
エ．適切。選択肢のとおり。
オ．適切。選択肢のとおり。

問題2 解答　H27前

正解　ア

ポイント　企業におけるキャッシュ・フローについての特徴を問う。

解説
A．適切。投資活動によるキャッシュ・フローは、本業のための設備投資をする場合にマイナスになる。設備投資により企業は成長するのであり、成長している企業のほとんどは、事業が生み出す営業活動によるキャッシュ・フローより多い投資支出を行っている。
B．不適切。営業活動によるキャッシュ・フローがマイナスである場合、当

財務管理 **2級**

期の会計上の利益がプラスであっても、配当や負債に対する元利支払に手当てする現金が企業内に不足し、いわゆる黒字倒産となる可能性がある。

C．適切。成熟産業においては、企業の収益が安定し、設備投資を控えるようになり、資金調達が減る。この結果、設備投資が減価償却費を下回り、財務活動によるキャッシュ・フローがマイナスに転換することがある。

D．適切。いわゆる「花形」といわれる相対的マーケットシェアが高い事業では、同業他社よりも高い収益率を上げ、大きなキャッシュ流入を得ることができる。

E．適切。キャッシュ・フローを改善するための代表的な手法は、本業の利益を増やす、売掛金、受取手形といった売上債権を減らす、仕入債務の支払いを遅らせる、不要な在庫を減らす、不要な固定資産を売却する、経費を減らす、社債や株式での資金調達を増やす等であり、過剰な現金・預金を減らして有利子負債を返済するのも有効である。

したがって、アが正解。

●参考文献等
・「標準テキスト　財務管理3級（第2版）」2016　p.171

287

解答・解説編

A●資金調達・資金運用 ＞ 1●資金計画

1●資金 　　　　　　　　　　　　　　　テキスト第1章第1節

問題 **3** 解答　　　　　　　　　　　　　　　H27前

正　解　エ

ポイント　資金の範囲とそこに含まれる金融商品に関する知識を問う。

解　説

ア．適切。「連結財務諸表等におけるキャッシュ・フロー計算書の作成に関する実務指針」（日本公認会計士協会）では、資金の範囲を現金及び現金同等物と定めている。

イ．適切。現金とは、手許現金と要求払預金を指す。要求払預金とは顧客が事前に通知することなく、又は数日の事前通知により自由に元本を引き出すことができる預金のことを指し、普通預金や当座預金、通知預金などがこれに該当する。

ウ．適切。満期日まで3カ月以内の定期預金、譲渡性預金、コマーシャル・ペーパーなどがこれに当たる。

エ．不適切。導入当初は一定の制約があったものの、現在では制約はない。

オ．適切。コマーシャル・ペーパーは、商取引の裏づけを持たずに発行される企業の短期資金調達手段で、発行は、財務内容が優良と認められる事業法人に限定される。

●参考文献等

・貝塚啓明・賀来景英・鹿野嘉昭編「金融用語辞典（第4版）」東洋経済新報社　2005
・金融辞典編集委員会編「大月 金融辞典」大月書店　2002

正解　ウ

ポイント　「連結キャッシュ・フロー計算書等の作成基準」において定められている資金の範囲について正しく理解しているかどうかを問う。

解説
ア．不適切。
イ．不適切。
ウ．適切。
エ．不適切。
オ．不適切。

　資金は、企業活動の源泉である。「連結キャッシュ・フロー計算書等の作成基準」では、「連結キャッシュ・フロー計算書が対象とする資金の範囲は、現金及び（**現金同等物**）とする。
　1．現金とは、手許現金及び要求払預金をいう。
　2．（**現金同等物**）とは、容易に換金可能であり、かつ、価値の変動について僅少なリスクしか負わない短期投資をいう。」とある。
　ここでいう要求払預金には、例えば当座預金、普通預金、（**通知預金**）が含まれる。（**現金同等物**）には、例えば取得日から満期日又は償還日までの期間が（**3カ月**）以内の短期投資である定期預金、（**譲渡性預金**）、CP（コマーシャル・ペーパー）、売戻し条件付現先、公社債投資信託が含まれる。

●参考文献等
・「連結キャッシュ・フロー計算書等の作成基準」第二・一
・「連結キャッシュ・フロー計算書等の作成基準注解」（注1）、（注2）

解答・解説編

正解 ア

ポイント 企業の事業別セグメント分析を正確に行えるか、与えられたデータから経営比率や数値を正確に計算できるかを問う。

解説

ア．適切。
イ．不適切。
ウ．不適切。
エ．不適切。
オ．不適切。

金融サービスセグメントの売上高営業利益率は（**28.2**）％で他のセグメントよりも（**高かった**）。IT機器セグメントの総資本営業利益率は（**8.7**）％で、家庭電器セグメントよりも（**低かった**）。連結ベースの総資本営業利益率は（**7.1**）％であったが、金融サービスセグメントの総資本営業利益率は他のセグメントを（**下回った**）。

	IT機器	家庭電器	金融サービス	その他事業	調整額	連結財務諸表
総資本営業利益率	8.7%	11.0%	2.0%	10.7%		7.1%
売上高営業利益率	7.3%	6.7%	28.2%	8.7%		7.7%

財務管理 **2級**

A●資金調達・資金運用　＞　2●資金調達

1●資金調達の目的　　　　　　　　テキスト第1章第2節

問題 6 解答　　　　　　　　　　　H27後

正　解　　オ

ポイント　　株式による資金調達の方法及びその特徴についての理論的・制度的理解度を問う。

解　説

ア．不適切。公募増資による資金調達は、公募であるため水平的に公平であるが、既存の株主のEPS（一株当たり利益）やDPS（一株当たり配当金）を希薄化させるおそれがある。

イ．不適切。配当優先株式を議決権制限種類株式として発行すれば、企業の支配関係に変動を与えることなく資金調達ができる。

ウ．不適切。定款に別段の定めがある場合を除き、株主の議決権の過半数を有する株主が出席し、出席した当該株主の議決権の3分の2以上に当たる多数をもって決議されなければならない（会社法第309条の2）。また、募集事項の決定は株主総会の決議により取締役会に委任することができる（会社法第200条）。

エ．不適切。不足額を次期以降に支払う条件がついたものを累積的優先株式、そういった条件がついていないものを非累積的優先株式という。

オ．適切。

●参考文献等

・「標準テキスト　総務3級（第2版）」2014　p.76

291

解答・解説編

A●資金調達・資金運用　＞　2●資金調達

2●資金調達の種類
テキスト第1章第2節

問題 7　解答
H29後

正解　オ

ポイント　資金調達の種類と方法について理解度を問う。

解説

ア．適切。金融・資本市場は、最終的な資金供給者と資金需要者との間の情報交換の場としての役割を担うにすぎず、資金需要者への資金提供は、資金供給者の自己責任のもとに行われる。

イ．適切。再投資が望ましい理由は、企業がこの資金を配当金等による株主還元を目的に内部に蓄えていては、成長機会を逸することになるからである。

ウ．適切。選択肢のとおり。

エ．適切。審査をする金融機関は財務分析や経営活動の実体面からの分析により、企業内容の良否を判断することになる。

オ．不適切。帳簿閲覧権は共益権であり、残余財産分配請求権は自益権である。

問題 8　解答
H27前

正解　エ

ポイント　資金調達の種類や方法について基本的な知識を問う。

解説

ア．不適切。「資金供給者はその需要者に対して」が誤り。正しくは「資金需要者はその供給者に」。

イ．不適切。「消却」が誤り。正しくは「移転」。

ウ．不適切。「安全性の高い金融資産で運用されなければならない」が誤り。内部留保は、必ずしも安全性の高い金融資産に限らず、むしろ実物資産に

再投資されることが多い。
エ．適切。選択肢のとおり。
オ．不適切。企業と投資家との間ではなく、企業と金融機関との間の相対取引が正しい。

正解 ア

ポイント 負債による資金調達の方法及びその特徴について理解度を問う。

解説
A．不適切。取引所取引ではなく、相対取引である。
B．不適切。社債発行には格付けの取得が必要であり、格付けを行うのは、信用調査会社ではなく、格付機関である。
C．適切。
D．不適切。転換社債型新株予約権付社債が権利行使されると、社債が株式に転換されるので、自己資本比率ではなく、負債比率が低下する。
E．適切。

したがって、アが正解。

正解 イ

ポイント 負債による資金調達に関する知識を問う。

解説
ア．適切。企業が外部から行う資金調達のうち、一般的なのが金融機関からの借入れであり、代表的な外部金融である。借入金は、投資家の資金を金融機関が束ねて企業に提供する間接金融であり、企業と金融機関との相対取引となる。
イ．不適切。シンジケートローン（協調融資）は、複数の金融機関がシンジ

解答・解説編

　　　ケートを組むことによってリスクをシェアし、貸出しを行う形態であるが、エージェントを通して契約が行われるため、企業側からすると巨額の資金調達ができるうえ、事務コストを削減できる。

ウ．適切。特定の金融機関からの相対取引による資金調達であるため、調達額に制約があり、大きなプロジェクトには銀行団の協調融資を受けることもある。

エ．適切。普通社債は、不特定多数の資金供給者（投資家）が購入できるよう小額に分割された譲渡可能な有価証券として発行され、投資家から直接的に資金提供を受ける点において直接金融に分類される。

オ．適切。資金調達時における企業の最大の関心事は、格付機関による格付けである。社債の価格形成は債券市場に委ねられるため市場の需給環境が悪い場合や、自社の発行条件が他社に比して劣る場合は、社債の発行を延期もしくは見送らねばならず、投資計画の見直しを迫られることもある。

財務管理 2級

A●資金調達・資金運用　＞　3●資金運用

1●資金運用の目的

テキスト第1章第3節

問題 11 解答　H27後

正解　エ

ポイント　在庫管理における経済的発注量（EOQ：economic order quantity）を理解しているかを問う。

解説

定量発注方式において、在庫の発注量と保管費用の和を最小にする発注量を経済的発注量といい、以下の計算式で求められる。

$$\text{EOQ} = \sqrt{\frac{2QP}{S}} = \sqrt{\frac{2 \times 500 \times 80{,}000}{2{,}000}} = 200 \text{（個）}$$

Q：年間の在庫消費数量
P：1回当たりの発注費用
S：年間の在庫1単位当たりの保管費用

解答・解説編

A● 資金調達・資金運用　＞　3● 資金運用

2● キャッシュ・マネジメント

テキスト第1章第3節

解答

正　解　　オ

ポイント　品目の特性に応じた在庫管理の方法に関する理解度を問う。

解　説

ア．不適切。
イ．不適切。
ウ．不適切。
エ．不適切。
オ．適切。

　在庫管理におけるABC分析は、（**パレート図**）を用いて在庫品の特性をつかむ手法である。単位当たりの在庫費用が少ない品目は、欠品を起こさないことを第一に心掛ければよいので、この種の在庫管理には（**2ビン・システム**）が適している。一方、在庫費用が高い品目は、多額の保管コストがかかるので、在庫として常備せず受注に応じて発注するか、（**定期発注**）方式が適している。（**定期発注**）方式では、発注時点での在庫量、安全在庫量及び（**リードタイム**）における消費量の関係から発注数量が決まる。前者と後者の中間的な特性を持つ品目の場合、その在庫管理には（**定量発注**）方式が適している。

296

A●資金調達・資金運用 ＞ 4●金融市場

2●資本市場

テキスト第1章第4節

問題13 解答

H27前

正解 イ

ポイント 債券の利回りとその計算方法についての理解度を問う。

解説
ア．誤り。
イ．正しい。
ウ．誤り。
エ．誤り。
オ．誤り。

債券Yの応募者利回りは、｛3＋(100－98)／5｝÷98≒3.469％
債券Zの利回りは、100／98－1≒2.040％
債券Yの利回りと債券Zの利回りの差は、3.47－2.04＝1.43％

問題14 解答

H27後

正解 ウ

ポイント 債券の実質金利と名目金利の違いについての理解度を問う。

解説
ア．誤り。
イ．誤り。
ウ．正しい。
エ．誤り。
オ．誤り。

解答・解説編

1 ＋名目金利 ＝（ 1 ＋実質金利）×（ 1 ＋期待インフレ率）

これより

$$実質金利 = \frac{（1 ＋名目金利）}{（1 ＋期待インフレ率）} － 1$$

$$実質金利 = \frac{（1 ＋0.03）}{（1 ＋0.01）} － 1$$

$$= 0.0198$$

$$= 1.98\%$$

$$≒ 2.0\%$$

又は、実質金利 ＝名目金利－期待インフレ率

　　　　　 ＝クーポンレート3.0%－期待インフレ率1.0%

　　　　　 ＝2.0%

A●資金調達・資金運用　>　4●金融市場

4●デリバティブ市場

　解答　H29後

正解　エ

ポイント　代表的なデリバティブ取引とデリバティブ市場に関する、基本的な理解度を問う。

解説

ア．適切。金融商品取引法第2条第20項。

イ．適切。取引所取引でいちばん重要なのは、金利関連のデリバティブ取引である。東京金融取引所は、将来の、ある一定の日付から始まる円の3カ月金利を予想し、現時点で価格を決める、ユーロ円3カ月金利先物取引を上場している。

（東京金融取引所　https://www.tfx.co.jp/wholesale/products/ey.html 参照）

ウ．適切。

エ．不適切。通貨スワップとは、単一通貨ではなく、複数通貨の変動金利と固定金利のキャッシュ・フローを交換する取引である。

オ．適切。FRAは、将来の特定の日に特定の金利の値決めをする契約で、期日にあらかじめ約定しておいたTIBORなどの将来金利と、実際の金利との差額を現在価値に割り引いて決済する。

正解 イ

ポイント デリバティブとその市場、デリバティブを利用したリスク管理に関する理解度を問う。

解説
ア．適切。デリバティブ取引の目的は、原資産の将来の価格変動リスクや調達リスクに対応し、効率的な経済活動を行うことである。
イ．不適切。通貨先物は取引所取引のため、取引条件が定型化されている。
ウ．適切。
エ．適切。CDSは、デフォルト（債券発行者による債務不履行）という偶発事象をトリガー（引き金）とする取引なので、オプション取引との類似性が強く、デフォルト・オプションともいわれる。金融商品取引法第2条第22項第6号イ。
オ．適切。取引所取引でいちばん重要なのは、金利関連のデリバティブ取引である。東京金融取引所は、将来の決済期日に現時点で決めた価格により取引することを約束する、ユーロ円3カ月金利先物取引を上場している。

A●資金調達・資金運用 ＞ 5●資産および企業の市場価値

1●資本コスト
テキスト第1章第5節

問題 17 解答

H27後

正解 イ

ポイント 企業価値の計算原理を理解しているかを問う。

解説
ア．不適切。
イ．適切。
ウ．不適切。
エ．不適切。
オ．不適切。

　A社の全投資家が受け取るキャッシュ・フローは、株主の（**当期純利益**）と債権者の（**支払利息**）とを合わせた（**28**）百万円である。A社の企業価値は、無借金経営の場合の企業価値に有利子負債の（**節税効果の現在価値**）を加えて計算する。

　負債のある企業の企業価値＝無借金経営の企業価値＋有利子負債の節税効果の現在価値
　全投資家（株主と債権者）が、受け取るキャッシュ・フローの額
　　　＝当期純利益（株主の取分）＋支払金利（債権者の取分）
　　　＝18百万円＋10百万円

301

解答・解説編

問題18 解答

正解　エ

ポイント　加重平均資本コストの計算方法について理解度を問う。

解説

ア．誤り。
イ．誤り。
ウ．誤り。
エ．正しい。
オ．誤り。

　加重平均資本コストは、他人資本提供者と自己資本提供者が期待する利回りを平均した、企業全体の平均期待利回り（総資本コスト）である。
　加重平均資本コストは以下によって求められる。

　株主資本コスト＝0.08
　負債の資本コスト＝0.02
　自己資本＝500×1億株＝500億円
　負債＝300億円
　法人税率＝0.4
加重平均資本コスト＝
　0.08×｛500億／（500億＋300億）｝＋0.02×（1－0.4）×｛300億／（500億＋300億）｝
　　　　＝0.08×0.625＋0.02×0.6×0.375
　　　　＝0.05＋0.0045＝0.0545
　加重平均資本コスト＝5.45％

財務管理 2級

A●資金調達・資金運用　＞　5●資産および企業の市場価値

2●資産評価
テキスト第1章第5節

問題19 解答

H27前

正解　イ

ポイント　EVAによる企業価値評価についての理解度を問う。

解説

ア．不適切。1年度のEVAは、「税引後営業利益200（期末投下資本1,000×20％）－投下資本×資本コスト100（1,000×10％）」の100百万円である。

イ．適切。2年度のEVAは110百万円（220－110）で、EVAの現在価値は、110×0.83＝91.3百万円である。

ウ．不適切。1年度～5年度のEVAの現在価値の累積和は、91.00＋91.30＋91.50＋93.84＋96.72＝464.36百万円である

エ．不適切。6年度以降のEVAの現在価値（残存価値の現在価値）は、
$88 \div (10\% \times (1.1)^5) = 88 / (0.1 \times 1.610) = 546.58$百万円でもよいが、Excel表で546.41百万円と計算される。別解は6年度以降も含むEVAの現在価値の累積和1,010.77－5年度までのEVAの現在価値の累積和464.36＝546.41百万円。

オ．不適切。EVAの現在価値の累積和に当初投下資本を加えた企業価値は、EVAの現在価値の累積和（1～5年）464.36＋最終価値の現在価値546.41＋当初投下資本1,000.00＝2,010.77百万円である。

正解（適切な解答）は次のとおりである。

解答・解説編

（単位：百万円）

年度	税引後営業利益(NOPAT)	期末投下資本	純投資	資本費用	EVA	EVAの現在価値	EVAの現在価値の累積和	割引率10%の現価係数
	$b = c-1 \times 20\%$	c	a	$d = c-1 \times 10\%$	$e = b-d$	f	g	
0年度		1,000.00						
1年度	200.00	1,100.00	100.00	100.00	100.00	91.00	91.00	0.91
2年度	220.00	1,220.00	120.00	110.00	110.00	91.30	182.30	0.83
3年度	244.00	1,380.00	160.00	122.00	122.00	91.50	273.80	0.75
4年度	276.00	1,560.00	180.00	138.00	138.00	93.84	367.64	0.68
5年度	312.00	1,760.00	200.00	156.00	156.00	96.72	464.36	0.62
6年度以降	264.00	1,760.00	0.00	176.00	88.00	546.41	1,010.77	

■EVAによる企業価値評価の仕組み

　まず、投下資本利益率＝NOPAT÷投下資本であるから、
EVA＝NOPAT－（投下資本×資本コスト率）＝（投下資本×投下資本利益率）－（投下資本×資本コスト率）なので、EVA＝投下資本×（投下資本利益率－資本コスト率）である。

　1年度のNOPATは0年度の期末投下資本（1,000百万円）を利用して計算するから、投下資本利益率を20％とすると、NOPATは200百万円（1,000×20％）。資本費用は、資本コスト率を10％とすると、100百万円（1,000×10％）。したがって、EVAは200－100＝100百万円。

　割引率10％で割り引いたEVAの現在価値は、91百万円（100×0.91）。

　1年度の期末投下資本は、1,000＋100（純投資）＝1,100百万円。

　あとは、0年度と同じ計算を繰り返し、EVAの現在価値の累積和を求める。

　6年度以降、純投資額は0になるので、EVA＝NOPAT264百万円（1,760×15％）－資本費用176百万円（1,760×10％）＝88百万円が永続する。このため、6年度以降のEVAの現在価値は単純な配当割引モデルで求める（Excel表計算では546.41百万円）。

$$\frac{88}{10\% \times (1.1)^5} \fallingdotseq \frac{88}{0.161} \fallingdotseq 546.58$$

　したがって、C社の企業価値は、EVAの1～5年までの現在価値の累積和（464.36百万円）＋EVAの残存価値の現在価値（546.41百万円）＋当初投下資本（1,000百万円）の2,010.77百万円である。

304

財務管理 2級

A●資金調達・資金運用　＞　5●資産および企業の市場価値

3●企業価値の評価

テキスト第1章第5節

 解答

正解　ウ

ポイント　企業の資本構成や事業の収益性の変化がROEに及ぼす影響を考察することによって、財務レバレッジの効果に関する理解度を問う。

解説

ア．誤り。
イ．誤り。
ウ．正しい。
エ．誤り。
オ．誤り。

ROEと総資本利益率の間には、ROE＝ROA＋(ROA－ｉ)×D／E
という関係が成り立つ。B社の前期のROEは12％、ROAは8％、負債利子率ｉは3％なので、

　　0.12＝0.08＋(0.08－0.03)×D／E
　　D／E（負債比率）＝0.8

これを基に、今期のB社の株主資本利益率を求める。

　　ROE＝0.02＋(0.02－0.03)×0.8＝0.012
　　株主資本利益率＝1.2％

> **正 解** ア
> **ポイント** 企業評価においてEVAを理解し、評価できるかどうかを問う。
> **解 説**

ア．正しい。

イ．誤り。

ウ．誤り。

エ．誤り。

オ．誤り。

EVA＝NOPAT－WACC×使用総資本
　NOPAT：税引後営業利益
　WACC：加重平均資本コスト

第1期のEVA$_1$＝100－800×0.1＝20
第2期のEVA$_2$＝100－640×0.1＝36
第3期のEVA$_3$＝100－480×0.1＝52
第4期のEVA$_4$＝100－320×0.1＝68
第5期のEVA$_5$＝100－160×0.1＝84

	第1期	第2期	第3期	第4期	第5期	EVAの現在価値の合計
NOPAT（税引後営業利益）（万円）	100	100	100	100	100	
投下資本（万円）	800	640	480	320	160	
加重平均資本コスト（％）	10	10	10	10	10	
投下資本×WACC	80	64	48	32	16	
EVA	20	36	52	68	84	
10％現価係数	0.91	0.83	0.75	0.68	0.62	
割引EVA	18.20	29.88	39.00	46.24	52.08	185.40

財務管理 **2級**

EVAの現在価値の合計

$$= \frac{EVA_1}{(1 + WACC)} + \frac{EVA_2}{(1 + WACC)^2} + \frac{EVA_3}{(1 + WACC)^3} + \frac{EVA_4}{(1 + WACC)^4}$$

$$+ \frac{EVA_5}{(1 + WACC)^5}$$

$$= 18.2 + 29.88 + 39.00 + 46.24 + 52.08$$

$$= 185.4 \ (1,854,000円)$$

A●資金調達・資金運用　＞　6●設備投資の財務評価

テキスト第1章第6節

解答

正　解　エ

ポイント　投資プロジェクトの幾つかの代表的な評価方法に関する理解度を問う。

解　説

ア．適切。この値をもって投資を評価する方法を正味現在価値法（NPV法）という。

イ．適切。この評価法では、まず投資案のIRRを求め、その値が切捨率である資本コスト以上であればその投資案は採用、資本コスト未満であれば棄却することになる。

ウ．適切。収益性指数法（PI法）は、設備投資から得られる期待キャッシュ・フローの現在価値合計を投資額で除して収益性指数を求め、指数の大きな設備投資案を採択する方法である。PI法では、PI指数が1以上であれば設備投資案を採用し、1未満であれば棄却する。

エ．不適切。「上回る」は誤り。「下回る」が正しい。

オ．適切。平均会計的利益率法（AAR法）は、投資案から得られる税・減価償却費控除後利益の平均額を、投資額の平均額で除した値で投資の採否を決定する。

財務管理 2級

A●資金調達・資金運用　＞　7●リスク管理

1●信用リスクの管理　　　　　　　　　テキスト第1章第7節

問題23　解答

H28前

正解　イ

ポイント　VaRについて理解ができているかを問う。

解説

ア．不適切。VaRは5,825万円である。
　VaR＝資産額×価格変動性×信頼水準
　　　＝100億円×0.25％×2.33＝58,250,000円
イ．適切。
ウ．不適切。1日当たり5,825万円以上の損失を出す確率が1％である。
エ．不適切。ウ．と同様。
オ．不適切。5,825万円を超える確率は1％（0.25％ではなく）である。

解答・解説編

A●資金調達・資金運用 ＞ 7●リスク管理

2●金利と通貨リスクの管理　テキスト第1章第7節

問題 24 解答　H27前

正解　ア

ポイント　先渡し契約としての為替予約契約と、通貨先物取引の相違についての理解度を問う。

解説
ア．適切。
イ．不適切。
ウ．不適切。
エ．不適切。
オ．不適切。

　3カ月後に200万ドルの輸出代金を受け取る予定であるD社は、為替変動リスクを回避するために為替予約の先渡し契約によるリスク・ヘッジを検討している。すなわち、「ドル」に対する「円」の上昇をヘッジするために、銀行（先渡し市場）に200万ドルの債権分の（**ドルを売り、円を買う**）ことによってリスク・ヘッジを行おうというのである。

　為替予約は先渡し契約（forward）であるから（**店頭**）取引で契約を結ぶことができ、その条件は取引者同士で個別に決まり、通常その決済は期日に現物を受け渡すことによって行われる。

　直物為替レートについては1ドルが120円、日本（円）の市場金利が0.5％、米国（ドル）の市場金利が1％だとすると、3カ月後の直先スプレッドは「−0.15＝d（0.15）」となるため、米ドル円先物相場は（**119.85**）円となる。200万ドルの債権は（**23,970**）万円で確定する。

　先渡し契約は相対取引で行われ、取引所取引である先物市場とは区別される。先渡し取引と先物取引の相違は、①先物取引は先渡し契約と異なり、取引の契約条件や方法が標準化されているが、相対取引の先渡し契約ではそう

財務管理 **2級**

ではない、②先物取引は取引所取引のため、その契約の履行が取引所によって保証されているが、先渡し契約ではそうではない、③両者の間でキャッシュ・フローの発生時点が異なる、④先物取引はその流動性が非常に高い、などである。

外貨建ての資産を３カ月後に受け取る場合、将来の為替レートが円高ドル安に変動すると、所有するドル建て資産の価値が減少してしまう為替リスクにさらされる。円高ドル安に対してリスクをヘッジしようとする動機が働くのである。すなわち、（ドルを売り、円を買う）為替予約（先渡し）契約を銀行と結ぶことによって３カ月後の円資産の価値を確定しておくことができる。為替予約契約は、（店頭取引）であるため、契約条件等を当事者同士の交渉によって決めることができる個別相対取引で、フレキシブルに契約を結ぶことができる。

１年を365日、３カ月を91日間、直物為替レートが１ドル＝120円、日本（円）の市場金利が0.5％、米国（ドル）の市場金利が１％のもとで、先物為替レート（直先スプレッド）を計算すると、

$$\frac{120 \times 91(0.5 - 1.0)}{365 \times 100} = -5,460 \diagup 36,500 \fallingdotseq -0.149589 \fallingdotseq d \ (0.15)$$

先物為替レート ＝ 　直物相場　 ± 　直先スプレッド
　　　　　　　＝ 　120 − 0.15
　　　　　　　＝ （119.85）円

受け取るドル建て資産の価格は、200万ドル×119.85＝（23,970）万円である。

311

B ● 原価計算　＞　1 ● 標準原価計算

1 ● 標準原価計算の意義

テキスト第2章第1節

 解答

H27前

正　解　イ

ポイント　標準原価計算による原価管理が理解できているかを問う。

解　説

ア．不適切。
イ．適切。
ウ．不適切。
エ．不適切。
オ．不適切。

　原価管理のためには、（**原価標準**）を科学的に設定し、それを指示・伝達する。現場ではその（**原価標準**）を達成するために作業が行われ、実績を記録する。この実績と（**標準原価**）を比較して、（**差異分析**）を行う。（**差異**）はその発生原因が分析され、それによって発生した部門及び部門長の業績が評価され、（**是正措置**）が講じられる。これらのデータは（**フィードバック**）され、次期の（**原価標準**）の設定に活用される。

　標準原価計算による原価管理は、（**差異分析**）を中心とした事後的な原価管理である。目標としての標準と実績を比較して（**差異**）を算定し、その発生原因を分析して、その（**差異**）に対して（**是正措置**）を講ずる。

財務管理 2級

B●原価計算 > 1●標準原価計算

2●標準原価計算の目的　　　テキスト第2章第1節

問題 26 解答　　　H26前

正　解　イ

ポイント　標準原価計算の目的を体系的に理解しているかを問う。

解　説

ア．適切。標準原価計算が考案されるまでは、実際原価計算が行われていたが、この計算方法の欠点を是正するために生み出された。

イ．不適切。経営基本計画設定は、標準原価計算の目的ではない。

ウ．適切。標準原価計算を実施すると、実際原価計算において予定価格を用いるのと同様に、原価計算期末に実際値が求められる前に記帳できるため、記帳の迅速化が図れる。

エ．適切。予算編成における原価は、標準原価のような科学的調査に基づいたものではなく、予定原価（見積原価）によるのが一般的である。しかし、標準原価を予算原価設定のための基礎として用いることによって、より効果的な予算管理ができるようになる、と考えられている。

オ．適切。原価は正常な状態において発生したものであるから、標準原価こそが真実の原価である。そのため、棚卸資産原価を標準原価で評価する。

●参考文献等
・「原価計算基準」40　標準原価算定の目的

313

B●原価計算　＞　1●標準原価計算

3●標準原価の種類
テキスト第2章第1節

問題27 解答
H28前

正解　ウ

ポイント　標準原価の種類について基本的な考え方を理解しているかを問う。

解説
ア．適切。選択肢のとおり。標準原価は、①改訂の頻度、②標準の厳格度、③計算の範囲によって分類することができる。
イ．適切。基準標準原価は業績の趨勢を測定することを主な目的として設定される。
ウ．不適切。「最大限に許容した」は誤りで、「まったく許容しない」が正しい。
エ．適切。正常標準原価は、正常原価ともいい、経営における異常な状態を排除して、経営活動に関する比較的長期にわたる過去の実際数値を統計的に平準化し、これに将来の趨勢を加味して決定された標準原価である。過去の平均原価を基礎として、これに将来の予想を加味して設定される。
オ．適切。選択肢のとおり。

問題28 解答
H27後

正解　イ

ポイント　標準原価の種類について、基本的な考え方が理解できているかを問う。

解説
ア．不適切。標準原価は製造直接費については単位当たり標準価格に標準数量を乗じて計算するが、製造間接費については予算を設定し、それに基づいて計算する。

財務管理 **2級**

イ．適切。
- 「理想標準原価」は、理論的標準原価あるいは完全標準原価ともいわれ、技術的に達成可能な最大操業度のもとにおいて最高の能率を表す最低金額の原価である。
- 「現実的標準原価」は、達成可能高能率標準原価あるいは期待実際標準原価ともいわれ、良好な能率のもとでその達成が期待される標準原価である。
- 「正常標準原価」は、正常原価ともいい、経営における異常な状態を排除して、経営活動に関する比較的長期にわたる過去の実際数値を統計的に平準化し、これに将来の趨勢を加味して決定された標準原価である。

ウ．不適切。この分類は「厳格度による」ものではなく、「改訂頻度による」ものである。厳格度による分類は①理想標準原価、②現実的標準原価、③正常標準原価である。

エ．不適切。仕損・減損等を「除外していること」からではなく、「含んでいるために」である。

オ．不適切。「利用するのがよい」ではなく、「利用しないほうがよい」である。理想標準原価は最も厳格度が高い標準原価で、厳しすぎてかえってモチベーションが低下するという理由から、能率の尺度としては利用できない。

315

解答・解説編

B●原価計算　>　1●標準原価計算

5●標準原価差異の算定と分析　テキスト第2章第1節

 解答

正　解　イ

ポイント　標準原価計算における直接労務費の差異分析が、正確に行えるかを問う。

解　説

ア．誤り。
イ．正しい。
ウ．誤り。
エ．誤り。
オ．誤り。

　直接労務費差異は、賃率差異と作業時間差異とに分けて分析する。賃率差異は、標準消費賃率と実際消費賃率との差から生ずる差異で、作業時間差異は標準作業時間と実際作業時間の違いから生ずる差異で作業能率のよしあしを表す。

　賃率差異＝（標準消費賃率－実際消費賃率）×実際作業時間
　作業時間差異＝（標準作業時間－実際作業時間）×標準消費賃率

　設問の計算過程を以下に示す。
　①直接労務費の当月投入数量の計算
　　　150個－ 0 個＋50個×0.8＝190個
　②標準直接作業時間の計算
　　　4 時間×190個＝760時間
　③賃率差異の計算
　　　（800円－750円）×780時間＝39,000円（有利差異）

316

④作業時間差異の計算
　　（760時間－780時間）×800円＝－16,000円（不利差異）

●参考文献等
・「原価計算基準」46　標準原価計算制度における原価差異

B●原価計算 ＞ 1●標準原価計算

6●標準原価計算の勘定記入

テキスト第2章第1節

問題30 解答

H27後

正　解　ア

ポイント　標準原価計算の勘定記入の仕組みが理解できているかを問う。

解　説

ア．不適切。「借方、貸方ともに、実際原価で記入される」ではなく、「借方、貸方ともに、標準原価で記入される」である。

イ．適切。選択肢のとおり。

ウ．適切。パーシャル・プランは記帳手続が簡単であるが、期末にならないと原価差異が算定されないので差異分析が迅速にできず、原価管理の面で劣る。

エ．適切。アウトプット法は計算手続が簡単であるが、期末になってからでないと差異がわからないので、迅速性に欠け、原価管理の面で劣る。

オ．適切。製造直接費の差異は、借方の実際原価が実際価格でなく標準価格から求められることにより、製品完成時には数量関係の差異だけが算定され、原価財の投入時に価格関係の差異が算定される。製造間接費の差異については完成時に算定される。

財務管理 2級

B●原価計算 ＞ 1●標準原価計算

7●標準原価差異の会計処理
テキスト第2章第1節

 解答

H27前

正解 ア

ポイント 標準原価差異の会計処理について、基本的な考え方が理解できているかを問う。

解説

ア．不適切。標準原価計算制度における原価差異の処理は、数量差異、作業時間差異、能率差異等であって異常な状態に基づくと認められるものは、これを非原価項目として処理する。これを除き、原価差異は全て実際原価計算制度における処理の方法に準じて処理する（「原価計算基準」47（二））。

イ．適切。「原価計算基準」47（一）1。

ウ．適切。「原価計算基準」47（一）2。

エ．適切。「原価計算基準」47（二）1。

オ．適切。表示形式は下記のとおり。

　　売上原価
　　　1 製品期首たな卸高　　　　×××
　　　2 当期製品製造原価　　　　×××
　　　　合　計 ×××
　　　3 製品期末たな卸高　　　　×××
　　　　標準（予定）売上原価　　×××
　　　4 原価差額　　　　　　　　×××　　　×××

解答・解説編

B●原価計算　＞　1●標準原価計算

8●標準原価の改訂
テキスト第2章第1節

 解答　　　　　　　　　　　　　　　　　　　　　　　

正　解　イ

ポイント　標準原価の改訂に関する諸事項を理解しているかを問う。

解　説

ア．適切。当座標準原価は通常1年ないし半年ごとに改訂されるが、それだけでなく状況の変化に応じて随時改訂される原価である。

イ．不適切。経営の基礎構造に変化がある場合には、改訂される。

ウ．適切。標準原価は経営環境の変化に応じて、「常にその適否を吟味し、機械設備、生産方式等生産の基本条件ならびに材料価格、賃率等に重大な変化が生じた場合には、現状に即するように」改訂する必要がある。

エ．適切。標準原価を定期的に改訂する場合、6カ月～1年は妥当な頻度であると考えられるが、最近の調査では3カ月より短い期間で改定したり、必要なつど改訂したりする企業も増えてきて、改訂の期間が短くなっている。

オ．適切。

●参考文献等
・「原価計算基準」42　標準原価の改訂
・高橋史安「製造業原価計算における『レレバンス・ロスト』の解明」『商学研究』第30号　2014　p.156

財務管理 2級

B●原価計算 ＞ 2●原価の固変分解の意義

1●原価の固変分解の意義

テキスト第2章第2節

 解答

H28前

正　解　　オ

ポイント　原価の固変分解の意義と分解法が理解できているかを問う。

解　説

ア．不適切。

イ．不適切。

ウ．不適切。

エ．不適切。

オ．適切。

　原価を固定費と変動費とに分解する方法には、会計的方法、（**工学的方法**）及び（**統計的方法**）がある。（**工学的方法**）は、既存の製品だけでなく、新製品の原価測定においても利用できる方法である。また、（**統計的方法**）には、高低点法や散布図表法などがある。

　以下に示す＜資料＞に基づき、会計的方法により、原価を固定費と変動費に分解した場合、固定費の金額は（**600,000円**）、変動費の金額は（**1,550,000円**）となる。

　固定費
　　200,000円（火災保険料）＋250,000円（減価償却費）
　　＋150,000円（水道光熱費の基本料金）＝600,000円
　変動費
　　850,000円（直接材料費）＋500,000円（直接労務費）
　　＋200,000円（水道光熱費の基本料金以外）＝1,550,000円

B●原価計算 ＞ 2●標準原価計算

2●原価の固変分解の方法
テキスト第2章第2節

 解答

正解 ア

ポイント 高低点法による原価分解が正確に行えるかを問う。

解説
ア．正しい。
イ．誤り。
ウ．誤り。
エ．誤り。
オ．誤り。

　高低点法は数学的分解法ともいわれ、過去の実績データから、「最高操業度における原価」と「最低操業度における原価」を選び出し、それに基づき変動費率と固定費額とを推定する方法である。その計算式は下記である。

　変動費率＝（最高操業度の原価－最低操業度の原価）／（最高操業度－最低操業度）
　固定費額＝最高操業度の原価－変動費率×最高操業度
　　　　又は
　　　　＝最低操業度の原価－変動費率×最低操業度

＜計算過程＞
　間接材料費の原価分解

$$製品1個当たりの変動費：\frac{700,000円-550,000円}{10,000個-7,000個}=50円/個$$

　　　固定費（1期間）：700,000円－（50円/個×10,000個）＝200,000円

財務管理 2級

B●原価計算 ＞ 3●CVP分析

1●CVP分析の意義
テキスト第2章第3節

 解答

H27後

正解　エ

ポイント　CVP分析について理解できているかを問う。

解説
A．適切。
B．不適切。CVP分析は、主として短期的な利益計画の策定に役立つ技法である。
C．適切。
D．不適切。変動費線をベースとし、その上に固定費線を描いた損益分岐点図表では、限界利益は分離されることなく示される。
E．適切。

したがって、エが正解。

B●原価計算　＞　3●CVP分析

2●損益分岐点図表

テキスト第2章第3節

問題36 解答

H26前

正解　イ

ポイント　希望利益を得る販売数量の計算ができるかを問う。

解説

ア．誤り。
イ．正しい。
ウ．誤り。
エ．誤り。
オ．誤り。

変動費と固定費の計算

費　目	変動費	固定費
直接材料費	2,200,000円	−
直接労務費	1,540,000円	−
間接材料費	800,000円×（1 −0.4）＝　480,000円	320,000円
間接労務費	−	80,000円
間接経費	600,000円×（1 −0.3）＝　420,000円	180,000円
販　売　費	900,000円×（1 −0.6）＝　360,000円	540,000円
一般管理費	−	880,000円
合　計	5,000,000円	2,000,000円

変動費率（単位変動費）の計算：5,000,000円÷10,000個＝500円/個

税引前利益の計算：2,400,000円÷（1 −0.4）＝4,000,000円

税引前利益4,000,000円を達成する販売数量の計算：

$$\frac{2,000,000円 + 4,000,000円}{900円/個 - 500円/個} = 15,000個$$

財務管理 2級

 解答

正解　イ

ポイント　損益分岐点図表の意義や作成法及び、公式法による計算が理解できているかを問う。

解説
ア．不適切。
イ．適切。
ウ．不適切。
エ．不適切。
オ．不適切。

損益分岐点を算定する方法として、図解法と公式法がある。図解法は損益分岐点図表を作成し、その図から損益分岐点の売上高等を読み取る方法である。図表の作成法には、固定費をベースとし、その上に変動費線を描く方法（第1法）と、変動費をベースとし、その上に固定費を描く方法（第2法）とがある。

このうち、損益分岐点を上回る（≒売上高から垂線を下ろした）とき、図の中で限界利益が二分されてしまうものは、（**第1法**）である。また、特に固定費の回収状況を重視する場合、（**第2法**）を用いることが適している。

公式法は、計算式により、損益分岐点の売上高等を算定する方法であり、固定費を（**限界利益率**）で割ることにより、損益分岐点における売上高を算定することができる。また、固定費を（**製品単位当たり限界利益**）で割ることにより、損益分岐点における販売数量を算定することができる。

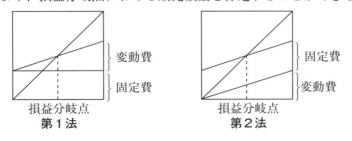

B●原価計算　＞　3●CVP分析

3● 損益分岐点分析の計算　　テキスト第2章第3節

 解答

正解　エ

ポイント　損益分岐点分析の基礎的な計算を理解しているかを問う。

解説

ア．誤り。
イ．誤り。
ウ．誤り。
エ．正しい。
オ．誤り。

損益分岐点における売上高と比率を求める計算式は、以下のようになる。

$$損益分岐点売上高 = \frac{固定費}{1 - \dfrac{変動費}{売上高}} = \frac{1,200,000円}{1 - \dfrac{2,000,000円 + 500,000円}{4,000,000円}}$$

$$= 3,200,000円$$

$$損益分岐点比率 = \frac{損益分岐点における売上高}{(予測)売上高} \times 100 = \frac{3,200,000円}{4,000,000円} \times 100$$

$$= 80.0\%$$

B●原価計算　>　3●CVP分析

5●CVPの感度分析

テキスト第2章第3節

 解答

H23前

正解　オ

ポイント　CVPの感度分析が理解できているかを問う。

解説
ア．誤り。
イ．誤り。
ウ．誤り。
エ．誤り。
オ．正しい。

目標利益達成のための売上高を求める計算式は、以下のようになる。
・目標利益達成のための売上高

$$= \frac{固定費 + 目標利益}{1 - \dfrac{変動費}{売上高}} = \frac{1,150,000円^{1)} + 400,000円}{1 - \dfrac{2,500,000円}{3,800,000円^{2)}}} ≒ 4,530,770円$$

1）（800,000円 + 200,000円）×（1 − 0.05）+ 200,000円 = 1,150,000円
2）4,000,000円 ×（1 − 0.05）= 3,800,000円

・目標利益達成のための販売数量 = 4,530,769円 ÷ 760円 = 5,961.538… 個
　確実に目標利益を達成するためには小数点以下を切り上げて個数を算出すると5,962個。

B ● 原価計算　＞　3 ● CVP分析

3 ● 損益分岐点分析の計算
テキスト第2章第3節

問題 **40** 解答

H27後

正　解　エ

ポイント　損益分岐点売上高、損益分岐点販売数量、希望利益100,000円を達成する販売数量、安全余裕率、経営レバレッジ係数の計算方法が理解できているかを問う。

解　説

A．正しい。

$$損益分岐点販売数量：\frac{240,000円}{400円 - 240円} = 1,500個$$

B．正しい。

損益分岐点売上高：1,500個 × 400円/個 = 600,000円

C．誤り。

希望利益100,000円を達成する販売数量：

$$\frac{240,000円 + 100,000円}{400円 - 240円} = 2,125個$$

D．正しい。

$$次年度予測の安全余裕率：\frac{750,000円 - 600,000円}{750,000円} \times 100 = 20\%$$

E．正しい。

$$次年度予測の経営レバレッジ係数：\frac{300,000円}{60,000円} = 5$$

売上高	750,000円	（1,875個 × 400円/個）
変動費	450,000	（1,875個 × 240円/個）
限界利益	300,000円	
固定費	240,000	
営業利益	60,000円	

したがって、エが正解。

 解答

正解 ア

ポイント 安全余裕率の計算が正しく行えるかを問う。

解説
ア．正しい。
イ．誤り。
ウ．誤り。
エ．誤り。
オ．誤り。

損益分岐点の売上高と安全余裕率を求める計算式は、以下のようになる。

$$損益分岐点の売上高 = \frac{固定費}{1-\dfrac{変動費}{売上高}} = \frac{800{,}000円}{1-\dfrac{1{,}680{,}000円}{2{,}800{,}000円}} = 2{,}000{,}000円$$

$$安全余裕率 = \frac{実際の売上高 - 損益分岐点の売上高}{実際の売上高}$$

$$= \frac{2{,}800{,}000円 - 2{,}000{,}000円}{2{,}800{,}000円} \times 100 ≒ 29\%$$

解答・解説編

問題42 解答

H28後

正解 イ

ポイント 損益分岐点販売数量の計算ができるかを問う。

解説

ア．誤り。
イ．正しい。
ウ．誤り。
エ．誤り。
オ．誤り。

変動費と固定費の計算

費　目	変　動　費	固　定　費
直接材料費	2,000,000円	―
直接労務費	1,540,000円	―
間接材料費	790,000円 − 430,000円 = 360,000円	430,000円
間接労務費	―	950,000円
間接経費	530,000円 − 350,000円 = 180,000円	350,000円
販　売　費	880,000円 − 460,000円 = 420,000円	460,000円
一般管理費		1,000,000円
合　計	4,500,000円	3,190,000円

（注）単位当たり変動費 = 4,500,000円 ÷ 5,000個 = 900円/個

損益分岐点販売数量を求める計算式は、以下のとおり。

$$損益分岐点販売数量 = \frac{3,190,000円}{2,000円/個 − 900円/個} = 2,900個$$

問題43 解答

正解 ウ

ポイント 損益分岐点分析に関する基礎的な計算を理解しているか問う。

解説
ア．誤り。
イ．誤り。
ウ．正しい。
エ．誤り。
オ．誤り。

　損益分岐点比率が示されているので、損益分岐点の売上高は4,000,000円（5,000,000円×80％）と計算でき、そのときの販売数量は16,000個（4,000,000円÷250円）となる。損益分岐点では利益がゼロとなるため、次の式が成り立つ。

　　　250円×16,000個 －（180円×16,000個＋固定費）＝ 0

これを解くと、固定費の金額は1,120,000円になる。
これにより、営業利益350,000円を達成するための売上高は、次のように計算できる。

$$\text{営業利益350,000円を達成する売上高} = \frac{1,120,000円 + 350,000円}{1 - \dfrac{180円}{250円}}$$

$$= 5,250,000円$$

B●原価計算 ＞ 3●CVP分析

4● 損益分岐点分析の仮定

テキスト第2章第3節

問題 44 解答

H28前

正　解　エ

ポイント　損益分岐点分析の仮定について問う。

解　説

A．不適切。直接原価計算ではなく全部原価計算の場合に必要となる。
B．適切。
C．適切。
D．適切。
E．適切。

したがって、エが正解。

財務管理 2級

B●原価計算 ＞ 3●CVP分析

6●多品種製品のCVP分析

テキスト第2章第3節

 解答

H27後

正 解　エ

ポイント　多種製品のCVP分析が理解できているかを問う。

解 説

ア．誤り。

イ．誤り。

ウ．誤り。

エ．正しい。

オ．誤り。

①各製品の限界利益の計算

　　製品Vの限界利益：600円－400円＝200円

　　製品Wの限界利益：500円－300円＝200円

　　製品Xの限界利益：400円－200円＝200円

②製品のセット単位（製品V：3、製品W：2、製品X：1）での損益分岐点販売数量の計算

$$\frac{144,000}{200\times 3 + 200\times 2 + 200\times 1} = 120セット$$

③各製品の販売量の計算

　　製品V：120セット×3＝360個

　　製品W：120セット×2＝240個

　　製品X：120セット×1＝120個

④会社全体の損益分岐点における売上高の計算

　　製品V：360個×600円＝216,000円

　　製品W：240個×500円＝120,000円

　　製品X：120個×400円＝ 48,000円

　216,000円＋120,000円＋48,000円＝384,000円

B●原価計算　＞　4●直接原価計算

1●**直接原価計算の意義**　　テキスト第2章第4節

解答　　

正　解　　ア

ポイント　　直接原価計算の意義や特徴を、正確に理解しているかを問う。

解　説

ア．不適切。売上高と営業利益は比例関係にない（売上高と限界利益は比例関係にある）。

イ．適切。

ウ．適切。

エ．適切。

オ・適切。

財務管理 2級

B●原価計算　＞　4●直接原価計算

2●直接原価計算の利用目的
テキスト第2章第4節

問題 47 解答

H28後

正解　オ

ポイント　直接原価計算の機能について理解しているかを問う。

解説
ア．不適切。
イ．不適切。
ウ．不適切。
エ．不適切。
オ．適切。

A．「長期の利益計画」ではなく、「短期の利益計画」に役立つ。
B．直接原価計算は、標準原価計算方式によって展開することで、原価管理に役立つ。
C．選択肢のとおり。
D．直接原価計算の外部報告のための利用は、現行会計制度では認められておらず、全部原価計算に調整計算しなければならない。
E．選択肢のとおり。

したがって、オが正解。

335

B●原価計算 ＞ 4●直接原価計算

3● 全部原価計算による営業利益と直接原価計算による営業利益　テキスト第2章第4節

 解答

正　解　ウ

ポイント　直接原価計算と全部原価計算の営業利益の相違が理解できているかを問う。

解　説

A．適切。
B．不適切。直接原価計算では、3期とも営業利益の金額は同じ。
C．不適切。全部原価計算による第2期の営業利益は60,000円。
D．不適切。全部原価計算では、第2期より第3期の営業利益は小さくなる。
E．適切。

したがって、ウが正解。

　直接原価計算と全部原価計算の損益計算書を作成すれば、次頁のとおりである。
　なお、本問題において実際に営業利益の計算が必要となるのは、全部原価計算の第2期と直接原価計算の1期分だけである。直接原価計算と全部原価計算の損益計算書の計算構造を理解できていれば、全ての損益計算書を作成しなくても解答可能である。

財務管理 **2級**

直接原価計算による損益計算書　　（単位：円）

	第1期	第2期	第3期
売上高	400,000	400,000	400,000
変動売上原価	200,000	200,000	200,000
変動製造マージン	200,000	200,000	200,000
変動販売費	50,000	50,000	50,000
限　界　利　益	150,000	150,000	150,000
固定費	100,000	100,000	100,000
営　業　利　益	50,000	50,000	50,000

全部原価計算による損益計算書　　（単位：円）

	第1期	第2期	第3期
売上高	400,000	400,000	400,000
売上原価	260,000	250,000[1]	270,000[2]
売　上　総　利　益	140,000	150,000	130,000
販売費・一般管理費	90,000	90,000	90,000
営　業　利　益	50,000	60,000	40,000

1）（400円×600個＋60,000円）÷600個×500個

2）（400円×600個＋60,000円）÷600個×100個＋400円×400個＋60,000円

B●原価計算　＞　4●直接原価計算

4●直接原価計算における固定費調整　テキスト第2章第4節

解答　

正解　エ

ポイント　「原価計算基準」における直接原価計算の取扱いを理解しているかを問う。

解説

ア．不適切。Bが違う。また、Dの直接原価計算は公表財務諸表の作成用として認められていない。
イ．不適切。A、B、Cが違う。
ウ．不適切。A、Cが違う。また、Dの直接原価計算は公表財務諸表の作成用として認められていない。
エ．適切。
オ．不適切。A、B、Cが違う。また、Dの直接原価計算は公表財務諸表の作成用として認められていない。

「総合原価計算において、必要ある場合には、一期間における製造費用のうち、（**変動**）直接費及び（**変動**）間接費のみを部門に集計して部門費を計算し、これに期首仕掛品を加えて完成品と期末仕掛品とにあん分して製品の（**直接原価**）を計算し、（**固定**）費を製品に集計しないことができる。

この場合、会計年度末においては、当該会計期間に発生した（**固定**）費額は、これを期末の仕掛品及び製品と当年度の売上品とに配賦する。」

この記述は、（**直接原価計算は我が国の公表財務諸表の作成用としては認められず、総合原価計算において固定費を調整することによって利用することができる**）ことを述べたものであると解釈できる。

財務管理 2級

 解答

正　解　イ

ポイント　直接実際原価計算における固定費調整の計算方法を問う。

解　説
ア．誤り。
イ．正しい。
ウ．誤り。
エ．誤り。
オ．誤り。

売上品に含まれる変動加工費の計算
　（14,000円＋21,000円）＋240,000円－（16,000円＋24,000円）＝235,000円

期末製品に含まれる固定製造原価の計算
$$\frac{330,000円}{235,000円＋24,000円＋16,000円}×24,000円＝28,800円$$

B●原価計算　＞　4●直接原価計算

5●直接標準原価計算

テキスト第2章第4節

 解答

正　解　ア

ポイント　直接標準原価計算と予算を結びつけた予算実績差異分析の方法を問う。

解　説

ア．正しい。

イ．誤り。

ウ．誤り。

エ．誤り。

オ．誤り。

　予算単位当たり限界利益、販売量差異、売上数量差異、売上品構成差異は、以下で求められる。

・各製品の予算単位当たり限界利益

　　製品U：150,000円÷3,000個＝@50円

　　製品V：120,000円÷2,000個＝@60円

・差異の算定

　　販売量差異

　　　　製品U：(2,900個－3,000個)×50円＝　－5,000円（不利差異）

　　　　製品V：(1,900個－2,000個)×60円＝　－6,000円（不利差異）

　　　　　　　　　　　　　　　　　　　　　　－11,000円（不利差異）

　　売上数量差異

　　　　製品U：(4,800個×3/5 [1]－3,000個)×50円＝　－6,000円（不利差異）

　　　　製品V：(4,800個×2/5 [2]－2,000個)×60円＝　－4,800円（不利差異）

　　　　　　　　　　　　　　　　　　　　　　　　　－10,800円（不利差異）

　　　1）3,000個/5,000個　　2）2,000個/5,000個

売上品構成差異
製品U：(2,900個－4,800個×3/5)×50円＝　1,000円（有利差異）
製品V：(1,900個－4,800個×2/5)×60円＝－1,200円（不利差異）
－　200円（不利差異）

 解答

正　解　イ

ポイント　直接標準原価計算における予算実績差異分析を正しく理解しているかを問う。

解　説
ア．不適切。
イ．適切。
ウ．不適切。
エ．不適切。
オ．不適切。

　直接標準原価計算と予算とを結びつけ、予算実績差異分析を行った場合、販売活動に起因する差異としては、販売量差異と販売価格差異等が算定される。このとき、販売量差異は、実際販売量と予算販売量との差に、(**製品単位当たり予算限界利益**)を乗じて算定する。また、販売価格差異は、実際販売価格と予算販売価格との差に、(**実際販売量**)を乗じて算定する。以下に示す＜資料＞に基づき予算実績差異分析を行うと、販売量差異は(**3,200円(不利差異)**)、販売価格差異は(**4,800円（不利差異）**)となる。

　販売量差異及び販売価格差異は、それぞれ次の計算式で算定される。
・販売量差異
　＝(実際販売量－予算販売量)×(製品単位当たり予算限界利益)
・販売価格差異
　＝(実際販売価格－予算販売価格)×(実際販売量)

解答・解説編

　この式に＜資料＞の数値をあてはめると、以下のとおり各差異が算定される。

　　　・販売量差異　＝　（480個－500個）×160円（＝80,000円÷500個）

　　　　　　　　　　　＝－3,200円（不利差異）

　　　・販売価格差異＝　（390円－400円）×480個

　　　　　　　　　　　＝－4,800円（不利差異）

　　※実際販売価格：187,200円÷480個＝390円

　　　予算販売価格：200,000円÷500個＝400円

　なお、販売量差異と販売価格差異の合計額（－8,000円）が営業利益の予算額と実績額との差額（－5,600円＝24,400円－30,000円）と一致しないのは、販売量差異と販売価格差異のほかに、変動費差異（2,400円（有利差異）＝（240円－235円）×480個）が発生しているからである。

　　※製品単位当たり予算変動費：120,000円÷500個＝240円

　　　製品単位当たり実際変動費：112,800円÷480個＝235円

　変動費差異も含め、差異合計額を算出すれば以下のとおりであり、予算と実績の営業利益の差額と一致する。

　　　差異合計＝3,200円（不利差異）＋4,800円（不利差異）－2,400円（有利差異）

　　　　　　　＝5,600円（不利差異）

342

B●原価計算 > 4●直接原価計算

6●貢献利益法とセグメント別損益計算　　テキスト第2章第4節

 解答

H27後

正解　ウ

ポイント　総益法による損益計算書の作成とそれに基づき意思決定が正しく行えるかを問う。

解説
ア．不適切。
イ．不適切。
ウ．適切。
エ．不適切。
オ．不適切。

　新たな資料に基づき、総益法による予測損益計算書を作成すると次のようになる。北関東地域の販売を中止すると限界利益分（13,500万円）だけ会社の営業利益が減少することになる。

総益法による地域別予測損益計算書

（単位：万円）

	南関東 製品T	南関東 製品U	北関東 製品T	北関東 製品U	合　計
売上高	60,000	30,000	10,000	30,000	130,000
変動製造原価	30,000	18,000	5,000	18,000	71,000
変動製造マージン	30,000	12,000	5,000	12,000	59,000
変動販売費	3,000	3,000	500	3,000	9,500
限　界　利　益	27,000	9,000	4,500	9,000	49,500
固定費					
固定製造原価					24,000[1]
固定販売費・一般管理費					17,500[2]
営　業　利　益					8,000

1) 売上原価（95,000万円）－変動製造原価（71,000万円）＝24,000万円
2) 販売費及び一般管理費（27,000万円）－変動販売費（9,500万円）＝17,500万円

343

B●原価計算 ＞ 5●事業部の業績測定

②●事業部制における業績評価

テキスト第2章第5節

 解答

正　解　エ

ポイント　残余利益の計算が理解できているかを問う。

解　説

ア．誤り。
イ．誤り。
ウ．誤り。
エ．正しい。
オ．誤り。

　残余利益＝利益額－(投資額×資本コスト率)
　企業全体の残余利益が200万円であるから、S事業部の利益額を x とおくと、次の式が成り立つ。
　200万円＝(1,200万円＋ x)－38,000万円×10％
　　　　x ＝2,800万円

財務管理 **2級**

B●原価計算 ＞ 5●事業部の業績測定

3●事業部制における内部振替価格

テキスト第2章第5節

問題
55 解答

H26前

正　解　　イ

ポイント　内部振替価格の定義について理解しているかを問う。

解　説

　事業部の業績評価は、利益額、投資利益率あるいは残余利益等によって行われるが、いずれの場合でも、（**利益額**）の算定が重要になる。各事業部が外部の取引先とのみ取引をしている場合はよいが、本社と事業部あるいは事業部間で取引をする場合、取り引きされる製品又はサービスに（**内部振替価格**）を設定する必要がある。この（**内部振替価格**）は事業部の（**利益額**）に影響を及ぼすので、その設定は慎重に行わなければならない。

　（**内部振替価格**）の設定基準には、（**市価基準**）、（**原価基準**）及び（**交渉価格基準**）等がある。

　（**市価基準**）は取り引きされる製品あるいはサービスの（**市価**）が存在する場合にその（**市価**）を基準に設定する方法で、外部の（**市価**）をそのまま適用する（**単純市価基準**）と企業内部間の取引で不要となる販売費分を差し引いて設定する（**市価差引基準**）がある。

　（**原価基準**）は（**市価基準**）の適用が困難な場合に用いられる方法で、（**全部原価**）を用いる全部原価基準と限界原価を用いる限界原価基準、これらの原価に一定の利益を加算する（**原価加算基準**）等がある。

　（**交渉価格基準**）は、事業部間での交渉により（**内部振替価格**）を設定する方法である。これは（**市価基準**）や（**原価基準**）による設定が適切でない場合に用いられる。

A：利益額　　B：内部振替価格　　C：市価基準　　D：原価基準
E：交渉価格基準　　F：市価　　G：単純市価基準　　H：市価差引基準
I：全部原価　　J：原価加算基準

345

解答・解説編

問題 56 解答　　　　　　　　　　　　　　　　　　　H27前

正　解　ウ
ポイント　市価基準の意味と計算が正しく理解できているかを問う。
解　説
ア．不適切。
イ．不適切。
ウ．適切。
エ．不適切。
オ．不適切。

　内部振替価格の設定基準には、市価基準、原価基準及び交渉価格基準などがある。このうち市価基準は、外部の市価をそのまま適用する単純市価基準と、内部振替することにより不要となる（**販売費**）を市価から差し引いて適用する市価差引基準に分類できる。

　仮に、第1事業部で7,500万円の製造原価をかけ製造した部品S全てを、単純市価基準に基づき算定した9,000万円で第2事業部に供給し、第2事業部ではさらに1,800万円の加工費をかけ製品Tとして完成させ、その全てを12,000万円で販売した場合、第1事業部の利益は（**1,500万円**）、第2事業部の利益は（**1,200万円**）となる。

　市価差引基準では、企業内部間の取引により不要となる販売費（運送費、広告費など）を外部の市価から差し引いた金額を適用する。
　単純市価基準に基づいた事業部の利益は、次のように計算される。
　　　企業全体の利益＝12,000万円－（7,500万円＋1,800万円）＝2,700万円
　　　第1事業部の利益＝9,000万円（内部振替価格）－7,500万円＝1,500万円
　　　第2事業部の利益＝12,000万円－（9,000万円＋1,800万円）＝1,200万円

　市価基準では、企業全体の利益が各事業部に振り分けられることになり、業績評価が可能となる。

財務管理 2級

 解答

H28後

正解 イ

ポイント 内部振替価格の設定基準を理解しているかを問う。

解説
A．不適切。供給事業部の固定費ではなく、変動費を内部振替価格とする方法。
B．不適切。利益は全て受入事業部の利益として計算される。
C．適切。原価加算基準はコスト・プラス基準ともいわれ、供給事業部での製造原価に一定の利益を加算し、内部振替価格とする方法である。
D．適切。市価基準は、事業部間で振り替えられる製品やサービスについて市価が存在する場合に成立する基準であり、さらに単純市価基準と市価差引基準に区分される。単純市価基準とは、外部の市価をそのまま振替価格として適用することであり、市価差引基準とは企業内部間の取引であるため、不要となる販売費分（運送費、広告費など）を差し引いて振替価格とすることである。
E．不適切。全部実際原価基準よりも全部標準原価基準を適用することが有効である。

したがって、イが正解。

 解答

H28前

正解 ウ

ポイント 事業部の内部振替価格の用語と金額の計算について問う。

解説
ア．不適切。
イ．不適切。
ウ．適切。

347

解答・解説編

エ．不適切。

オ．不適切。

　G社では、部品事業部で製造した部品を製品事業部に供給し、製品事業部ではそれに加工を加え製品として営業事業部に送っている。今、部品事業部は500万円で製造した部品を、製品事業部に全て市価基準により算定した内部振替価格700万円で供給した。製品事業部では、その部品にさらに300万円の加工費を投入して製品として完成させ、その製品製造原価の20％の利益を付して営業事業部に送付した。営業事業部ではこれを1,500万円で外部に販売した。このとき、部品事業部の利益は（**200万円**）、製品事業部の利益は（**200万円**）、営業事業部の利益は（**300万円**）と算定される。製品事業部の振替価格の算定方法を（**原価加算基準**）という。

　部品事業部から製品事業部へは市価基準、製品事業部から営業事業部へは原価加算基準で振り替えることになる。

	部品事業部	製品事業部	営業事業部	会社全体
売上高	700万円	1,200万円[1]	1,500万円	1,500万円
原　価	500	1,000[2]	1,200	800
利　益	200万円	200万円	300万円	700万円

1）1,000万円×120％＝1,200万円

2）700万円＋300万円＝1,000万円

財務管理 2級

B●原価計算 ＞ 6●営業費の管理

1●営業費のコスト・コントロール

テキスト第2章第6節

 解答

H28前

正 解 ア

ポイント 営業費の管理方法を理解しているかを問う。

解 説
ア．適切。
イ．不適切。
ウ．不適切。
エ．不適切。
オ．不適切。

　注文獲得費はその効果の測定が困難であり、経営者の方針によって決定されるポリシー・コストの性格を有しているため、**主として割当予算により管理**される。
　注文履行費は包装費、保管費などであり、反復的な活動から発生するものであり、**主として標準原価計算や変動予算により管理**される。
　一般管理費はそのほとんどが固定費であり、**主として固定予算により管理**される。

349

B●原価計算 ＞ 6●営業費の管理

2●営業費分析

テキスト第2章第6節

 解答

正　解　　オ

ポイント　営業費の分析に関する基本的知識を問う。

解　説

ア．不適切。
イ．不適切。
ウ．不適切。
エ．不適切。
オ．適切。

＜分析結果＞

　事業部の業績を、事業部別損益計算書①は（**純益法**）で、事業部別損益計算書②は（**総益法**）で分析したものである。（**総益法**）では、（**直接原価計算**）の考え方に基づき、売上高から（**変動費**）を控除することで限界利益を算定し、限界利益から個別固定費を控除して貢献利益を計算することにより収益性を判断する。この事例では、（**純益法**）によれば西日本事業部は赤字なので、事業部の改廃を検討することになるが、（**総益法**）では、西日本事業部の変動製造マージンは（**264,000千円**）、限界利益は（**208,000千円**）となり、黒字なので存続させるべきである。ちなみに、固定販売費は（**64,000千円**）、固定一般管理費は（**140,000千円**）である。

事業部別損益計算書②

	東日本事業部	西日本事業部	合　　計
Ⅰ　売上高	800,000千円	600,000千円	1,400,000千円
Ⅱ　**変動売上原価**	448,000 [1]	336,000 [2]	784,000
変動製造マージン	352,000千円	264,000千円	616,000千円
Ⅲ　**変動販売費**	60,000 [3]	56,000 [4]	116,000
限界利益	292,000千円	208,000千円	500,000千円
Ⅳ　**固定費**			
1．製造固定費			256,000 [5]
2．固定販売費			64,000 [6]
3．一般管理費			140,000
営業利益			40,000千円

1）560,000千円×80％
2）480,000千円×70％
3）100,000千円×60％
4）80,000千円×70％
5）1,040,000千円−(448,000千円＋336,000千円)
6）180,000千円−(60,000千円＋56,000千円)

 解答

正　解　　イ

ポイント　純益法により損益計算書を作成できるかを問う。

解　説

ア．誤り。
イ．正しい。
ウ．誤り。
エ．誤り。
オ．誤り。

純益法による製品品種別損益計算書を作成すれば、次のとおりである。

解答・解説編

製品品種別損益計算書

（単位：円）

	製品 P	製品 Q	合　計
売上高	2,000,000	4,000,000	6,000,000
売上原価	1,200,000	2,500,000	3,700,000
売上総利益	800,000	1,500,000	2,300,000
販売費			
広告宣伝費	250,000	500,000	750,000
倉庫費	240,000	360,000	600,000
販売費計	490,000	860,000	1,350,000
一般管理費	200,000	400,000	600,000
営業利益	**110,000**	240,000	350,000

広告宣伝費は売上高、倉庫費は取扱品数量を基準に配賦する。

・広告宣伝費の配賦

製品 P：$750,000円 \times \dfrac{2,000,000円}{2,000,000円 + 4,000,000円} = 250,000円$

製品 Q：$750,000円 \times \dfrac{4,000,000円}{2,000,000円 + 4,000,000円} = 500,000円$

・倉庫費の配賦

製品 P：$600,000円 \times \dfrac{200個}{200個 + 300個} = 240,000円$

製品 Q：$600,000円 \times \dfrac{300個}{200個 + 300個} = 360,000円$

一般管理費は売上高を基準に配賦する。

・一般管理費の配賦

製品 P：$600,000円 \times \dfrac{2,000,000円}{2,000,000円 + 4,000,000円} = 200,000円$

製品 Q：$600,000円 \times \dfrac{4,000,000円}{2,000,000円 + 4,000,000円} = 400,000円$

財務管理 2級

B●原価計算 ＞ 7●業務執行的意思決定と差額原価収益分析

2●差額原価収益分析の意義
テキスト第2章第7節

問題 62 解答　　　　　　　　　　　　　　　　　　H27後

正解　イ

ポイント　差額原価収益分析で用いられる特殊原価概念を理解しているかを問う。

解説

A．不適切。埋没原価は、必ずしも歴史的原価とは限らない。
B．不適切。付加原価は、現金支出を伴わない原価である。
C．適切。現金支出原価とは、経営意思決定によってただちに又は近い将来に現金の支出を伴って生じる原価をいう。例えば、直接材料費や直接労務費などのような変動費がこれに該当する。
D．適切。差額原価とは、経営意思決定により変化し代替案間で異なる関連原価をいう。また、これと同様の原価概念に増分原価または減分原価があり、差額原価の同義語として用いられることが多い。
E．適切。延期可能原価とは、現行の業務を行ううえでは特に支障がなく、その発生を将来に先送りできる原価をいう。例えば、機械設備などの修繕維持費や予防保全費、環境保全費などがこれに該当する。

したがって、イが正解。

●参考文献等
・櫻井通晴「原価計算」同文舘出版　2014　pp.433～434

B●原価計算 ＞ 7●業務執行的意思決定と差額原価収益分析

3 業務執行的意思決定のための差額原価収益分析の方法　テキスト第2章第7節

 解答　　　　　　　　　　　　　　　　　　　　　　

正解　エ

ポイント　最適セールス・ミックスを求められるかどうかを問う。

解説
ア．誤り。
イ．誤り。
ウ．誤り。
エ．正しい。
オ．誤り。

最大営業利益をもたらす製品Ｎの数量をｘ、製品Ｏの数量をｙとする。

目的関数：$(1{,}500 - 1{,}000)x + (2{,}000 - 1{,}400)y - 4{,}000{,}000 \Rightarrow \max$
制約条件：$6x + 5y \leq 60 \times 900$ ……直接作業時間の制約
　　　　　$12x + 15y \leq 60 \times 2{,}100$ …機械運転時間の制約
　　　　　$x \geq 0$, $y \geq 0$ ……………非負条件
A （0，8400）　　　$500 \times 0 + 600 \times 8{,}400 = 5{,}040{,}000$
B （6000，3600）　$500 \times 6{,}000 + 600 \times 3{,}600 = 5{,}160{,}000$
C （9000，0）　　　$500 \times 9{,}000 + 600 \times 0 = 4{,}500{,}000$

以上から、製品Ｎの数量は6,000単位、製品Ｏの数量は3,600単位、最大の営業利益は1,160,000円となる。そのときの製品Ｎの売上高は9,000,000円、製品Ｏのそれは7,200,000円である。

最大営業利益：$500 \times 6{,}000 + 600 \times 3{,}600 - 4{,}000{,}000 = 1{,}160{,}000$（円）
製品Ｎの売上高：$1{,}500 \times 6{,}000 = 9{,}000{,}000$（円）
製品Ｏの売上高：$2{,}000 \times 3{,}600 = 7{,}200{,}000$（円）

財務管理 2級

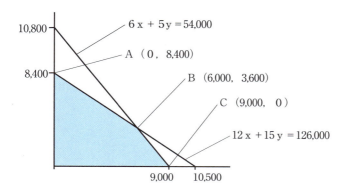

問題64 解答

H27後

正解 エ

ポイント 最適セールス・ミックスに関する経営意思決定の問題の理解度を問う。

解説
ア．誤り。
イ．誤り。
ウ．誤り。
エ．正しい。
オ．誤り。

作業時間に制約があるので、作業時間1時間当たりの貢献利益を求める。
　製品M：（1,000円/個－600円/個）÷2時間/個＝200円/個
　製品N：（900円/個－675円/個）÷1時間/個＝225円/個
　製品O：（800円/個－520円/個）÷1時間/個＝280円/個

製品Oの1時間当たり貢献利益が最も大きいので、製品Oを最大限生産・販売する。しかし製品Oの需要量に制約があるので、最大限生産・販売しても、作業時間が1,000時間余る。そのため残りの時間で、次に1時間当たり

355

解答・解説編

の貢献利益が大きい製品Nを生産・販売する。

　　　製品Oの最大作業時間： 1 時間/個×5,000個＝5,000時間

　　　残りの作業時間：6,000時間－5,000時間＝1,000時間

　　　製品Nの販売数量：1,000時間÷ 1 時間/個＝1,000個

　　　営業利益：280円/個×5,000個＋225円/個×1,000個－500,000円

　　　　　　　＝1,125,000円

財務管理 **2級**

B●原価計算　＞　8●戦略的コスト・マネジメント

1●原価企画

テキスト第2章第8節

問題 65 解答

H26後

正　解　　イ

ポイント　　原価企画の意義と、用いられる原価概念の整理ができているかを問う。

解　説

ア．不適切。

イ．適切。

ウ．不適切。

エ．不適切。

オ．不適切。

　原価企画は、製品の（**企画・設計**）段階を中心に、技術、生産、販売、購買、経理など企業の関連部署の総意を結集して原価低減と利益管理を図る、戦略的コスト・マネジメントの手法である。

　原価企画では、（**許容原価**）、（**成行原価**）、（**目標原価**）という原価概念が用いられる。（**許容原価**）は予定販売価格から目標利益を差し引いて算定された原価であり、トップ・マネジメントから指示された希望原価であるので、一般に厳しくなりがちである。（**成行原価**）は改善目標を含まない現状原価としての見積原価で、技術者による原価見積りの出発点として活用される。（**目標原価**）は、（**成行原価**）に改善目標を加え、その結果を（**許容原価**）と擦り合せ、達成可能ではあるがレベルの高い挑戦目標として設定された原価である。

●参考文献等

・櫻井通晴「管理会計（第6版）」同文舘出版　2015

357

解答・解説編

 解答

H27後

正解 オ

ポイント 原価企画の目標原価設定のための用語・方法を理解し、計算ができるかを問う。

解説
ア．誤り。
イ．誤り。
ウ．誤り。
エ．誤り。
オ．正しい。

　成行原価は、現在の技術において発生すると見積もられる原価で、コスト・テーブルを使って計算することができる。新L製品の成行原価は機能1〜機能6までの全ての機能の原価を合計したものである。したがって、以下のように計算できる。

　　25＋15＋30＋10＋20＋5＝105（万円）

　許容原価は、中期利益計画で設定された目標利益を達成するように設定される原価で、本問題では、予定販売価格に目標売上高利益率を乗じて計算される目標利益額を予定販売価格から控除することで求められる。

　　110－（110×30％）＝77（万円）

財務管理 **2級**

B●原価計算 ＞ 8●戦略的コスト・マネジメント

2●ABC（活動基準原価計算）／ABM（活動基準管理） テキスト第2章第8節

問題 67 解答

H27前

正 解 ウ

ポイント 活動基準原価計算／活動基準管理の定義、役割に関する知識を問う。

解 説

ア．適切。活動基準原価計算（ABC）は、伝統的な原価計算における操業度を基準にした間接費の配賦の問題を解決し、活動という概念によって、より正確な製品原価の計算を行うものである。

イ．適切。

ウ．不適切。原価割当の方法はまず第1段階として、資源から活動に割り当て、第2段階として活動から原価計算対象に割り当てられる。

エ．適切。活動基準原価計算は、間接費を、組織内で行われる諸活動をもとに配賦し、製品やサービス、又は顧客ごとの正確な原価を測定することによって、経営管理者による的確な経営意思決定を支援するための原価計算技法をいう。

オ．適切。活動基準管理（ABM）は、製品やサービスを生産し顧客に提供する業務プロセスに焦点を当て、活動基準原価計算による情報を活用した分析により、顧客に価値をもたらさない無駄な活動を除去しながら業務プロセスを継続的に改善し、経営資源の有効活用と顧客価値の向上を図るための経営管理手法をいう。

問題 68 解答

H26後

正 解 オ

ポイント 活動基準原価計算による製造原価の計算を問う。

359

解答・解説編

解 説

ア．誤り。

イ．誤り。

ウ．誤り。

エ．誤り。

オ．正しい。

各活動の活動原価の計算

経営資源 （間接費）	各活動の活動原価		合 計
	段取り	検 査	
人 件 費	11,200千円	5,600千円[1]	16,800千円
設備関連費	5,400千円[2]	1,800千円	7,200千円
合 計	16,600千円[3]	7,400千円[4]	24,000千円

1) 16,800千円÷（2,800時間＋1,400時間）×1,400時間＝5,600千円
  又は、16,800千円－11,200千円＝5,600千円
2) 7,200千円÷（900時間＋300時間）×900時間＝5,400千円
  又は、7,200千円－1,800千円＝5,400千円
3) 11,200千円＋5,400千円＝16,600千円
4) 5,600千円＋1,800千円＝7,400千円

段取り活動原価の各製品への集計
　製品L：16,600千円÷（80回＋240回）×80回＝4,150千円
　製品M：16,600千円÷（80回＋240回）×240回＝12,450千円

検査活動原価の各製品への集計
　製品L：7,400千円÷（280回＋520回）×280回＝2,590千円
　製品M：7,400千円÷（280回＋520回）×520回＝4,810千円

各製品の製造原価の集計
　製品L：23,000千円＋4,150千円＋2,590千円＝29,740千円
　製品M：12,800千円＋12,450千円＋4,810千円＝30,060千円

各製品の単位原価の集計
　製品L：29,740千円÷25,000個＝1,189.6円／個
　製品M：30,060千円÷5,000個＝6,012円／個

B ● 原価計算 > 8 ● 戦略的コスト・マネジメント
3 ● BSC

テキスト第2章第8節

H28前

正　解　エ

ポイント　バランスト・スコアカードの定義、意義を問う。

解　説

ア．不適切。

イ．不適切。

ウ．不適切。

エ．適切。

オ．不適切。

　バランスト・スコアカードは、(**財務**)、(**顧客**) 関係、(**内部ビジネス・プロセス**) の改善、(**学習と成長**) といった総合的な観点から、(**戦略マップ**) を用いてビジョンと戦略の効果的な策定と実行を確保するとともに、報酬に連動させた業績評価システムとして、また経営の品質向上に資するなどの経営目的に役立たせられる、戦略的マネジメント・システムである。

　(**財務**) の視点では、経常利益、投資利益率、残余利益などの財務指標によって、(**顧客**) の視点では顧客満足度調査の結果、顧客収益性、マーケット・シェアなどによってセグメントの業績を測定する。(**内部ビジネス・プロセス**) の視点では、特許権取得件数、開発効率、サイクルタイムなどによってビジネスと業務の改善を評価する。(**学習と成長**) の視点では、社員教育の回数、離職率、資格の取得などで評価する。

●参考文献等

・櫻井通晴「管理会計（第6版）」同文舘出版　2015　p.611

解答・解説編

C●予算管理　＞　1●予算管理の意義と機能

1●予算管理の意義

テキスト第3章第1節

問題 70 解答

H27後

正解　エ

ポイント　予算管理の意義と機能に関する基礎的な知識を問う。

解説

ア．適切。予算は、一般には長期利益計画をベースとして、短期利益計画が策定される。しかしながら、短期利益計画は大綱的な利益計画であるため、これに基づく詳細な実行計画が必要とされる。

イ．適切。企業の管理は未利用資源の有効活用の過程であり、これを効率的に進めるためには企業活動の目標を設定し、それに合わせて活動を統制していく目標管理が体系化されなくてはならない。そこで、予算管理は予算編成と予算統制から形成される総合的なプロセスになっている。

ウ．適切。

エ．不適切。是正ではなく、統制である。また、これらは全て並列の関係ではなく、調整はそれ自体最終目的として捉えられるべきである。

オ．適切。

問題 71 解答

H28前

正解　ウ

ポイント　予算の意義に関する基本的な知識を問う。

解説

ア．不適切。

イ．不適切。

ウ．適切。

エ．不適切。

オ．不適切。

362

財務管理 **2級**

　予算の編成並びに予算統制は、必要な原価資料を提供することから始まる。ここに予算とは、予算期間における企業の各業務分野の具体的な計画を（**貨幣的**）に表示し、これを総合編成したものである。また、予算期間における企業の（**利益目標**）を指示し、各業務分野の諸活動を調整し、企業全般にわたる（**総合的管理**）の要具となるものである。

　さらに、予算は、業務執行に関する総合的な（**期間計画**）であるが、予算編成の過程は、例えば、製品組合せの決定、部品を自製するか外注するかの決定等、個々の選択的事項に関する（**意思決定**）を含むことは、いうまでもない。

解答・解説編

C●予算管理　＞　1●予算管理の意義と機能

2●予算管理の機能
テキスト第3章第1節

解答

正　解　オ
ポイント　予算管理の機能に関する理解度を問う。
解　説

ア．不適切。
イ．不適切。
ウ．不適切。
エ．不適切。
オ．適切。

　予算管理は当初は（**予算統制**）と呼ばれていたが、予算の（**統制**）面だけでなく、予算を編成する（**計画**）側面を重視するようになり、予算管理と呼ばれるようになった。しかし、単に（**計画**）機能と（**統制**）機能から構成されているのではなく、（**分権組織**）内での活動の（**調整**）機能を内包している。
　（**計画**）機能は、希少資源の最適配分をするために、事前に業務の達成目標を設定することである。
　（**調整**）機能は、部分最適を求めるあまり、部門間の対立が生じたり、全体最適が損なわれたりしないように、企業全体としてのバランスを取ることである。
　（**統制**）機能は、事前に設定した目標と実績を突き合わせることで部門管理者や事業部管理者の業務を評価することである。

財務管理 **2級**

C●予算管理 ＞ 2●予算管理と会社組織

1●管理責任の確立と責任会計

テキスト第3章第2節

問題 **73** 解答

H28後

正　解　　オ

ポイント　　予算管理との関係で、責任会計の考え方を問う。

解　説

ア．適切。責任会計とは、「業績目標を示す業績管理基準数値である予算数値と実績値とを比較し、差異を分析し、差異の原因・調査分析を行い、経営管理者の活動業績責任を適切に測定し、公正に評価するために役立つ会計」と定義される。

イ．適切。責任センターには、収益センター、費用センター、原価センター、利益センター、投資センターがあり、管理者は責任センターにおける業務責任をもたなければならない。

ウ．適切。

エ．適切。これに資する会計が責任会計である。

オ．不適切。意思決定会計ではなく、業績評価会計の中核をなす考え方である。

●参考文献等

・日本管理会計学会編「管理会計大辞典」中央経済社　2000　p.170

365

C ● 予算管理 ＞ 2 ● 予算管理と会社組織

2 ● 予算管理組織

テキスト第3章第2節

 解答

H28前

正解 ア

ポイント 予算委員会の意義と役割への理解度を問う。

解説

ア．適切。
イ．不適切。
ウ．不適切。
エ．不適切。
オ．不適切。

　予算を実効あるものとして実施するには、予算管理組織が確立していなければならない。予算管理組織は、(**予算委員会**)、(**予算担当役員**)及び予算担当部門から構成される。この中で最も大きな役割を果たすのが、(**予算委員会**)である。(**予算委員会**)は、例えば、管理部長、経理部長、事業部長、営業部長、製造部長等がメンバーである。この役割は、(**部門間調整**)のような予算の水平的な調整、(**目標利益との調整**)のような垂直的な調整を行うことである。(**予算委員会**)は、予算案を作成するのではなく、とりまとめを行う役割を担う(**調整機関**)である。実際には、予算委員会を置かずに、経理課や経営企画部が合同で予算編成を担当するようなケース等、様々な形態が存在する。

財務管理 2級

C●予算管理 ＞ 3●予算の種類と体系

テキスト第3章第3節

問題
75 解答

H26後

正 解　オ

ポイント　予算の種類と体系に関する基本事項が理解できているかを問う。

解 説

ア．適切。資金予算は資金の運用を示した予算であり、現金収支予算、信用予算、正味運転資本予算から構成される。資金予算は健全な企業活動を維持していくためには、なくてはならない予算である。

イ．適切。資本予算は資本支出予算と資本調達予算とに区分される。資本支出予算は主に設備に関する計画、投資に関する計画であり、設備予算と投資予算に細分する場合もある。資本調達予算は設備投資やその他の投資に対する資金の調達に関する計画である。

ウ．適切。

エ．適切。

オ．不適切。所与の経営構造を前提とした経常的な業務活動に関わる予算である。

367

C●予算管理　＞　4●予算編成手続

テキスト第3章第4節

解答

正解　ウ

ポイント　予算編成手続に関する基本事項が理解できているかを問う。

解説
ア．不適切。前者の主体はトップ・マネジメントで、後者はロアー・マネジメントである。
イ．不適切。予算編成方針がトップ・マネジメントから示される。
ウ．適切。
エ．不適切。部門予算は、部門の最適化を図るための予算であるが、総合予算との調整を図る必要がある。
オ．不適切。参加的予算管理は、予算編成の段階で、積極的に各層の管理者を参加させる予算管理方式である。

財務管理 2級

C ● 予算管理 ＞ 4 ● 予算編成手続

1 ● 予算編成の流れ

テキスト第3章第4節

問題 77 解答

正解 エ

ポイント 予算編成に関する基本的知識を問う。

解説
ア．不適切。
イ．不適切。
ウ．不適切。
エ．適切。
オ．不適切。

予算はその編成方式の違いによって、(**割当型予算**) と (**積上型予算**) とに区分できる。その特徴は以下のとおりである。

(**割当型予算**) は (**トップ・マネジメント**) が一方的に予算を編成し、これを (**下位管理者**) に提示する方式の予算である。この編成方式では、企業構成員における参加意識が欠如し、予算による (**動機づけ**) が機能しない傾向がある。

他方、(**積上型予算**) は (**ロアー・マネジメント**) が予算を主体的に編成し、これを総合して作成する方式の予算である。(**動機づけ**) の面では優れているが、(**トップ・マネジメント**) の意向が予算に反映されない傾向がある。

通常は、両方式の折衷的な方法が用いられる。(**トップ・マネジメント**) が策定した利益計画に基づく予算編成方針を大枠として (**下位管理者**) が予算を編成し、これを調整する。これによって両方式の長所を生かした予算編成が可能になる。

解答・解説編

問題 78 解答

H 27前

正　解　オ

ポイント　予算編成の方法とその手順を問う。

解　説

ア．不適切。

イ．不適切。

ウ．不適切。

エ．不適切。

オ．適切。

　予算はその編成方式の違いによって、（**割当型予算**）と（**積上型予算**）に区分できる。（**割当型予算**）はトップ・マネジメントが一方的に予算を編成し、これを下位管理者たちに提示する方式で、（**積上型予算**）はロアー・マネジメントが予算を主体的に編成し、これを総合して作成する方式である。通常、これらの折衷的な方法が用いられる。つまり、トップ・マネジメントが策定した利益計画に基づく（**予算編成方針**）を大枠として下位管理者たちが予算を編成し、これをトップ・マネジメントと調整を図る。これにより、両者の編成方式の長所を生かした予算編成が可能になる。この方式による予算編成は次の手順で行われる。

①（**期間利益目標**）の設定

②大綱的利益計画の策定

③（**予算編成方針**）の作成と各部門への示達

④各（**部門予算案**）の作成

⑤各（**部門予算案**）の総合調整

⑥（**総合予算案**）の作成

⑦部門・総合予算案の検討・調整

⑧予算の決定

370

C●予算管理　>　5●各種予算の編成

1●損益予算の意義と構成

テキスト第3章第5節

問題79 解答

H27前

正解 イ

ポイント 損益予算の意義と構成について問う。

解説
A．不適切。目標収益ではなく、目標利益。
B．適切。
C．不適切。貸借対照表項目ではなく、損益計算書項目。
D．適切。
E．適切。
F．適切。

したがって、イが正解。

C●予算管理 ＞ 5●各種予算の編成

2●販売予算案の編成

テキスト第3章第5節

問題80 解答　H27後

正解　イ

ポイント　販売予算に関する基本知識を問う。

解説

ア．不適切。販売予算には研究開発費予算は含まない。
イ．適切。特に、大規模企業では広告宣伝費などの注文獲得費を多額に支出する。しかしながら、注文獲得費は必ずしも支出額と効果の明確な関係がなく、予算による管理が有効とされる。
ウ．不適切。物量単位でのみではなく、物量単位と貨幣単位の両方である。
エ．不適切。売上高予算に、製品の戻り高、値引、割引等の予測困難な要因を含めることは適切であり、予算編成では考慮されるべき事項である。
オ．不適切。広告宣伝費等は、費用便益の関係が明確でないことから、編成は総額で行われることが多い。

財務管理 2級

C●予算管理 ＞ 5●各種の予算編成

3●製造予算案の編成

テキスト第3章第5節

問題 81 解答

H26後

正解 エ

ポイント 製造予算案の編成について正しく理解できているかを問う。

解説

ア．適切。製造高予算は売上高予算、在庫予算と深い関係にあり、目標生産数量、最大製造能力、平均操業度などを顧慮して、基本的には月別に編成される。

イ．適切。購買予算は、購買先、購買総数量、購買総金額、購買時期（1回当たりの購入量・購入回数）などが詳細に検討され、編成される。この場合、購買予算は在庫予算と連携して編成されなければならない。

ウ．適切。製造予算は製造高予算、購買予算、製造費用予算、在庫予算からなる。

エ．不適切。直接材料費予算、直接労務費予算、直接経費予算及び製造間接費予算として編成される。

オ．適切。在庫予算は、在庫を適正量にコントロールするために編成される。

問題82 解答　H27後

正解　エ

ポイント　製造間接費予算に関する基本的な知識を問う。

解説

ア．不適切。製造高予算ではなく、製造費用予算である。
イ．不適切。変動費のみではなく、変動費と固定費に分けてである。
ウ．不適切。分けても意味がないのではなく、分けると有効である。
エ．適切。
オ．不適切。間接販売費は含めない。

●参考文献等

・小林健吾「体系予算管理」東京経済情報出版　2002　pp.280〜302

財務管理 2級

C●予算管理 ＞ 5●各種予算の編成

6●その他の予算案の編成
テキスト第3章第5節

問題 83 解答
H26前

正　解　ウ

ポイント　予算損益計算書が作成できるかを問う。

解　説

ア．誤り。
イ．誤り。
ウ．正しい。
エ．誤り。
オ．誤り。

A	売上高	**5,500,000**円	＝2,500円/個×2,200個
	直接材料費	1,725,000円	＝750円/個×2,300個
	直接労務費	2,185,000円	＝950円/個×2,300個
	製造間接費	805,000円	＝345,000円＋460,000円
	変動費	345,000円	＝150円/個×2,300個
	固定費	460,000円	
	製品在庫高		
	期首在庫高	205,000円	＝2,050円/個×100個
	期末在庫高	410,000円	＝2,050円/個×200個
B	売上原価	**4,510,000**円	
	＝1,725,000円＋2,185,000円＋805,000円＋205,000円－410,000円		
C	売上総利益	**990,000**円	＝5,500,000円－4,510,000円
D	販売費及び一般管理費	**216,000**円	＝66,000円＋150,000円
	販売費	66,000円	＝30円/個×2,200個
	一般管理費	150,000円	
E	営業利益	**774,000**円	＝990,000円－216,000円

C●予算管理　＞　6●予算統制と予算実績差異分布

2●予算実績差異分析
テキスト第3章第6節

問題84 解答

H27前

正解　ア

ポイント　販売予算の差異分析の計算に関する知識を問う。

解説
ア．正しい。
イ．誤り。
ウ．誤り。
エ．誤り。
オ．誤り。

・売上高予算
　　販売量差異　（750個－800個）×1,000円/個＝－50,000円（不利）
　　販売価格差異　（1,100円/個－1,000円/個）×750個＝75,000円（有利）
・売上原価予算
　　販売量差異　（750個－800個）×800円/個＝－40,000円（有利）
　　単位売上原価差異　（850円/個－800円/個）×750個＝37,500円（不利）
・売上総利益予算
　　販売量差異　（750個－800個）×200円/個＝－10,000円（不利）
　　単位売上総利益差異　（250円/個－200円/個）×750個＝37,500円（有利）

問題 85 解答

正解 ウ

ポイント 予算実績差異分析に関する理解度を問う。

解説
ア．適切。予算実績差異分析は、予算統制とりわけ事後統制において中心的な役割を果たす手続であり、以下のプロセスからなる。
　①予算と実績とを比較してその差異額を算定する。
　②差異の発生原因を明らかにする。
　③差異発生の責任を明らかにする。
イ．適切。その理由は、予算管理は計数による総合的経営管理の手法であるため、予算実績差異分析においても、全体から部分へと下ろして展開する方法が適切であると考えるからである。
ウ．不適切。同一の分析であり、両者は何ら異なるところはないではなく、標準原価差異分析は製造活動を中心とした原価による業績管理であるのに対して、予算実績差異分析は企業の総合的な経営管理を目的とするものである。
エ．適切。
オ．適切。一般管理費予算を構成する費目の多くは、固定費的性格のものが多いため、通常、固定予算が採用される。

問題86 解答

正解 エ

ポイント 要因別差異の調査・報告と改善策の提案に関する理解度を問う。

解説
ア．適切。
イ．適切。
ウ．適切。予算報告書の種類は報告先のいかんによって異なる。トップ・マネジメントに対しては、全社的な損益の予算実績比較表が適切であるが、一方、部門管理者に対しては、部門の業績が判断できる予算報告書が必要となる。
エ．不適切。価格差異は、市場価格の変動、予算価格が不適当であること、購入先や購入量が適切でないことなどの原因によって発生する。
オ．適切。直接労務費予算における作業時間差異とは、実際生産量に対する許容作業時間と実際作業時間との相違に基づいて発生する差異である。

財務管理 2級

D●経営分析 > 1●経営分析の意義

1●経営分析の意義

テキスト第4章第1節

問題87 解答
H28前

正解 イ

ポイント 経営分析の意義、ゴーイングコンサーンとしての企業、財務分析と実体面の分析を理解しているかを問う。

解説
ア．不適切。
イ．適切。
ウ．不適切。
エ．不適切。
オ．不適切。

経営分析は、自社や他社の経営状態を知り、問題点を把握し、改善の指針を得るために行うことが目的であることから、企業活動の過去の成果を金額単位で示した（**財務諸表の分析**）だけでなく、企業が実社会で継続しつづける責任を果たす（**ゴーイングコンサーン**）であることを認識し、企業が行う諸活動や企業を形成する人的要素等の（**実体面の分析**）が必要である。（**財務諸表の分析**）を行う場合は、極力長い期間にわたって、安全性、収益性、成長性、（**生産性**）等を分析すべきである。

問題88 解答
H28後

正解 イ

ポイント 経営分析の意義を実態的かつ総合的に考える能力を問う。

解説
ア．適切。経営分析は財務分析に加え、経営に関する多くの情報を収集して、総合的に経営実態全般を把握する方法を指す。

379

解答・解説編

イ．不適切。会社法では、以下①～③の会社につき、公認会計士（会計監査人）の監査が義務づけられている（会社法監査：会社法第396条）。

①大会社（会社法第328条第1項、第2項）

②監査等委員会設置会社及び指名委員会等設置会社（会社法第327条第5項）

③会計監査人の任意設置を行った会社（会社法第326条第2項）

金融商品取引法では、以下①～②の会社につき、公認会計士又は監査法人による監査が義務づけられている（金融商品取引法監査：金融商品取引法第193条の2第1項）。

①上場会社

②1億円以上の発行価額で有価証券の募集や、1億円以上の売出価額で有価証券の売出を行った非上場会社（金融商品取引法第24条第1項第3号、第4条第1項第5号、第2条第3項第1号、金融商品取引法施行令第1条の5）

ウ．適切。経営分析の中で、財務分析は過去情報である財務諸表の情報から、経営の原因を究明し、現在の経営実態を正確に把握し、将来の経営戦略を再構築する演繹的推論プロセスである。

エ．適切。経営分析は企業の実態を明らかにすることを目指すが、そのためには、企業活動の一断面を示す経営指標から、企業の成長性、収益性や安全性等を判断する必要がある。

オ．適切。財務諸表を基本とした財務諸表分析を静態的経営分析と呼ぶのに対し、会社の経営活動を機能別の経営指標に組み替えて提示することにより、経営活動プロセスをより正確に把握する経営分析手法を動態的経営分析と呼ぶ。

● 参考文献等

・松田修一「会社の読み方」日本経済新聞社　2006　p.210、237、323
・近藤光男・吉原和志・黒沼悦郎「金融商品取引法入門（第4版）」商事法務　2015　pp.270～271

財務管理 2級

D●経営分析 > 2●分析のための経営指標

2●収益性の分析に使う経営指標
テキスト第4章第2節

 解答

正 解 イ

ポイント 収益性の分析（自己資本当期純利益率）を理解しているかを問う。

解 説
ア．誤り。
イ．正しい。
ウ．誤り。
エ．誤り。
オ．誤り。

	計算式	X8期
自己資本当期純利益率	当期純利益÷自己資本	3.75%
売上高事業利益率	事業利益÷売上高	6.00%
総資本回転率	売上高÷総資本	1.43回
財務レバレッジ	総資本÷自己資本	2.19倍

自己資本当期純利益率 $= \dfrac{12千円}{320千円} \times 100 = \mathbf{3.75}\%$

事業利益＝営業利益＋金融収益＝50千円＋10千円＝60千円

売上高事業利益率 $= \dfrac{60千円}{1000千円} \times 100 = \mathbf{6.00}\%$

総資本回転率 $= \dfrac{1000千円}{700千円} \fallingdotseq \mathbf{1.43}回$

財務レバレッジ $= \dfrac{700千円}{320千円} \fallingdotseq \mathbf{2.19}倍$

381

D●経営分析 ＞ 2●分析のための経営指標

5●生産性の分析に使う経営指標

テキスト第4章第2節

問題90 解答

H28後

正　解　イ

ポイント　付加価値の概念を理解しているかを問う。

解　説

ア．誤り。

粗付加価値
　＝経常利益＋人件費＋金融費用＋賃借料＋租税公課＋減価償却費
　＝500＋2,500＋1,000＋500＋　0　＋500＝5,000（千円）

イ．正しい。

労働分配率＝$\dfrac{人件費}{粗付加価値}=\dfrac{2,500}{5,000}=50$（％）

ウ．誤り。

労働生産性＝$\dfrac{粗付加価値}{平均従業員数}=\dfrac{5,000}{10}=500$（千円）

エ．誤り。

売上高付加価値率＝$\dfrac{粗付加価値}{売上高}=\dfrac{5,000}{50,000}=10$（％）

オ．誤り。

自己資本分配率＝$\dfrac{当期純利益}{粗付加価値}=\dfrac{400}{5,000}=8$（％）

財務管理 2級

D●経営分析 > 2●分析のための経営指標

6●回転率・回転期間の分析に使う経営指標
テキスト第4章第2節

問題 91 解答

H28前

正解 イ

ポイント 回転期間の変化に基づく増加運転資金を正確に計算できるかを問う。

解説

ア．誤り。
イ．正しい。下表⑥により100百万円。
ウ．誤り。
エ．誤り。
オ．誤り。

		現状	経済情勢変化後
①	月売上高	100百万円	100百万円
②	売上債権回転期間	3カ月	3.5カ月
③	棚卸資産回転期間	2カ月	2.5カ月
④	仕入債務回転期間	2.5カ月	2.5カ月

⑤	運転資金＝ ①×（②+③-④）	250	350

⑥	増加運転資金＝ 変化後⑤-現状⑤	100	

383

解答・解説編

D●経営分析　3●問題発見と課題解決

1●収益性の分析

テキスト第4章第3節

 解答

正解　ウ

ポイント　事業利益と収益性分析の計算技法について理解しているかを問う。

解説
ア．不適切。
イ．不適切。
ウ．適切。
エ．不適切。
オ．不適切。

企業の事業活動からの資本収益性を示す指標として、（総）資本（事業）利益率を計算し、これを売上高（事業）利益率と（総）資本回転率に分解すると、結果は以下のとおりである。

K社総資本事業利益率＝221÷1,023≒21.6（％）
J社売上高事業利益率＝550÷6,836≒8.0（％）
K社総資本回転率＝683÷1,023≒0.67（回）

	J社	K社
（総）資本（事業）利益率	6.2 ％	（**21.6**）％
売上高（事業）利益率	（**8.0**）％	32.4 ％
（総）資本回転率	0.77 回	（**0.67**）回

	J社	K社
売上高	6,836百万円	683百万円
事業利益 （営業利益＋受取利息・配当金）	550百万円	221百万円
総資本	8,922百万円	1,023百万円
総資本事業利益率	6.2％	21.6％
売上高事業利益率	8.0％	32.4％
総資本回転率	0.77回	0.67回

$$総資本事業利益率 = \frac{事業利益}{総資本} = \frac{売上高}{総資本} \times \frac{事業利益}{売上高}$$

$$= (総資本回転率) \times (売上高事業利益率)$$

 解答

正解　イ

ポイント　収益性の分析（売上高純金利負担率）を理解しているかを問う。

解説
ア．不適切。
イ．適切。
ウ．不適切。
エ．不適切。
オ．不適切。

　金融収益＝支払利息－受取利息＝5百万円－3百万円＝－2百万円
金融収益は支払超過である。
　売上高純金融費用率
$$\frac{（支払利息－受取利息）}{売上高} = \frac{2百万円}{216百万円} \fallingdotseq 0.926\% < 1\%$$

売上高純金利負担率
$$\frac{（支払利息－（受取利息＋受取配当金））}{売上高}$$

$$= \frac{（5百万円－（3百万円＋2百万円））}{216百万円}$$

$$= 0$$

　J社の金融収益（支払利息－受取利息）は2百万円の（**支払超過**）で、金融収益を分子にして計算した売上高純金融費用率（（支払利息－受取利息）／売上高）は（**1％**）以下である。

また、J社は保有株式からの（**受取配当金**）があるので、上述の金融収益に（**受取配当金**）を反映して計算した売上高純金利負担率は（**ゼロ**）である。

 解答

正解　オ

ポイント　経営資本の意味を理解し、経営資本営業利益率を計算できるかを問う。

解説
ア．誤り。
イ．誤り。
ウ．誤り。
エ．誤り。
オ．正しい。

　　経営資本＝資産合計－建設仮勘定－投資その他の資産
　　　　　　＝2,551－78－543＝1,930千円
　　経営資本営業利益率＝98÷1,930≒5.1％

　経営資本営業利益率は、（**総資本**）のうち（**事業活動**）に使用している資本が、どれだけ効率的に活用されて営業利益を上げたのかを示す指標である。経営資本を求めるには、完成前の（**有形固定資産**）への支出額をいったん計上しておく（**建設仮勘定**）と投資その他の資産を控除するので、経営資本営業利益率は（**5.1**）％である。

財務管理 2級

D●経営分析 ＞ 3●問題発見と課題解決
2●安全性の分析　　　　　　　　　　　テキスト第4章第3節

 解答　　　　　　　　　　　　　　　　　

正解　イ

ポイント　安全性分析の基本と計算の技法を理解しているかを問う。

解説
ア．誤り。
イ．正しい。
ウ．誤り。
エ．誤り。
オ．誤り。

安全性分析の指標には、流動比率、当座比率、固定比率、固定長期適合率、負債比率、自己資本比率などがある。平成X1年度の数値を求めて、A～Cを考える。

平成X2年度

	平成X1年度	平成X2年度
流動比率	117%	116%
（当座比率）	90%	**（95%）**
（負債比率）	118%	**（100%）**
自己資本比率	46%	50%
（固定長期適合率）	92%	**（94%）**

当座比率＝当座資産（70）÷ 流動負債（74）≒95（％）

負債比率＝負債（138）÷ 自己資本（138）＝100％

固定長期適合率
　＝固定資産（190）÷（自己資本＋固定負債（202））≒94（％）

解答・解説編

問題 96 解答　H28後

正解　イ

ポイント　安全性分析の基本と計算の技法を理解しているかを問う。

解説
ア．誤り。
イ．正しい。
ウ．誤り。
エ．誤り。
オ．誤り。

　流動比率は（**101.4**）％、当座比率は（**71.9**）％で、短期的に支払うべき債務の支払いに関して必ずしも十分な余裕があるとはいえない。したがって、短期的な資産の現金化がうまくいかない場合、支払いに支障が出る可能性がある。また、負債比率は（**541.6**）％であり、借入依存度は（**高い**）といえる。

　流動比率＝流動資産÷流動負債＝31,877÷31,443≒101.4％
　当座比率＝当座資産÷流動負債＝22,607÷31,443≒71.9％
　　（当座資産＝流動資産－棚卸資産－その他＝31,877－7,971－1,299＝22,607）
　負債比率＝負債合計÷自己資本＝36,638÷6,765≒541.6％

財務管理 2級

D●経営分析 > 3●問題発見と課題解決

3●成長性の分析（持続的成長）　テキスト第4章第3節

 解答　　　　　　　　　　　　　　　　　　　　　　　H28前

正解　イ

ポイント　趨勢比率を理解しているかを問う。

解説

ア．適切。第7期の流動比率（178.6％）は、第8期233.3％、第9期226.8％になり、短期の支払い能力が改善している。

イ．不適切。第7期の当座比率は142.9％である。

ウ．適切。第7期の固定比率（75.0％）は、第8期66.4％、第9期64.3％になり、固定比率の低下により固定資産を自己資本でカバーする割合が増えており、長期資金の調達と運用のバランスが改善している。

エ．適切。第7期の負債比率（100.0％）は、第8期107.0％、第9期110.0％になり、自己資本に対する負債の割合が増えており、負債依存度が高まっている。

オ．適切。第7期の自己資本比率（50.0％）は、第8期48.3％、第9期47.6％になり、総資本に対する自己資本の割合が低下している。

貸借対照表（要約）

	第7期		第8期	第9期
	（億円）	（％）	（億円）	（億円）
流動資産	250	100.0	301.0	322.0
当座資産	200	100.0	243.0	257.0
棚卸資産	50	100.0	58.0	65.0
固定資産	150	100.0	142.0	142.0
資産合計	400	100.0	443.0	464.0
流動負債	140	100.0	129.0	142.0
固定負債	60	100.0	100.0	101.0
負債合計	200	100.0	229.0	243.0
純資産	200	100.0	214.0	221.0
負債・純資産合計	400	100.0	443.0	464.0

解答・解説編

	第7期	第8期	第9期
流動比率	178.6%	233.3%	226.8%
当座比率	142.9%	188.4%	181.0%
固定比率	75.0%	66.4%	64.3%
負債比率	100.0%	107.0%	110.0%
自己資本比率	50.0%	48.3%	47.6%

財務管理 2級

D●経営分析　＞　3●問題発見と課題解決

5●回転率・回転期間の分析

テキスト第4章第3節

問題 98 解答

H27前

正　解　イ

ポイント　資金負担の増大と、不良債権発生の危険性を内包する売上債権回転期間の分析能力を問う。

解　説

ア．適切。売上債権回転期間は売上債権の残高が月商（月売上高）の何カ月分かを見る指標だが、同時に資金立替がどれくらい発生しているかを見る指標でもある。

イ．不適切。短い→長い。

ウ．適切。売上債権の過大の有無については、同業他社比較や前期比比較を行ってから分析を行う。

エ．適切。

オ．適切。売上債権の回転期間が長ければそれだけ運転資金が必要になる。不測の事態に備えるには、売上債権の回転期間に準ずる現金預金の回転期間が必要である。

解答・解説編

D●経営分析 ＞ 3●問題発見と課題解決

6●総合的な評価

テキスト第4章第3節

 解答

H26後

正 解　エ

ポイント　純資産価値や企業価値の理論値を計算できるかを問う。

解 説

ア．不適切。N社の純資産価値は、当期純利益（18百万円）を株主資本コスト（8％）で除した225百万円である。CとD以外は不適切。
イ．不適切。A〜D全て不適切。
ウ．不適切。AとD以外は不適切。
エ．適切。
オ．不適切。Dが不適切。

　N社の純資産価値は、当期純利益（FCF）を（**株主資本コスト**）で除した（**225**）百万円である。法人税の実効税率勘案後の負債コストは（**3**）％である。N社の企業価値は純資産価値（**225**）百万円に負債を加えた（**425**）百万円である。

税引前負債コスト	5.00％	10/200=0.05
株主資本コスト	8.00％	
純資産価値	225	18/0.08=225
税引後負債コスト	3.00％	0.05×(1−0.4)=0.03
ＷＡＣＣ	5.65％	0.08×(225/425)+0.03×(200/425)=0.05647
負債総額	200	
企業価値	425	225+200=425

＜参考＞タックス・シールドを考慮した場合。
債権者と株主に帰属するキャッシュ・フローの合計を考える。
株主に帰属する株式キャッシュ・フローは、24−6＝18
＝負債のない企業の生み出すキャッシュ・フロー（40×0.6＝24）−税引後

財務管理 2級

支払利息（10×0.6＝6）＝18
債権者に帰属する負債キャッシュ・フローは、10（税引前支払利息）
タックス・シールド（支払利息×税率＝10×0.4＝4）
合計した全ての資本のキャッシュ・フローは、株式キャッシュ・フロー（18）
＋タックス・シールド（4）＋負債キャッシュ・フロー（10）＝32
企業価値＝18／0.08＋4／0.08＋10／0.05＝225＋50＋200＝475
（タックス・シールドは株主資本コストで割り引いた。タックス・シールドを無視すれば、企業価値は225＋200＝425）

問題100 解答　H28前

正解　エ

ポイント　財務比率の計算と相互関連を理解しているかを問う。

解説

ア．適切。当期の自己資本当期純利益率
　　　　＝当期純利益÷自己資本＝147／2,200≒6.68％≒6.7％
　　当期の自己資本当期純利益率
　　　　＝総資産（総資本）当期純利益率×財務レバレッジ
　　　　＝（147／5,330）×（5,330／2,200）＝147／2,200≒6.7％
　　当期の自己資本当期純利益率
　　　　＝ $\dfrac{当期純利益}{売上高} \times \dfrac{当期純利益}{売上高} \times$ 財務レバレッジ

イ．適切。当期の総資産（総資本）当期純利益率
　　　　＝当期純利益率÷総資産＝147／5,330≒2.76％≒2.8％
　　当期の総資産（総資本）当期純利益率
　　　　＝売上高当期純利益率×総資本回転率
　　　　＝（147／3,100）×（3,100／5,330）＝147／5,330≒2.8％

ウ．適切。自己資本当期純利益は3.0倍増、売上高当期純利益率は5.2倍増。

解答・解説編

	前期（第5期）	当期（第6期）	第6期/第5期
自己資本当期純利益率	2.16%	6.68%	3.0
売上高当期純利益率	0.94%	4.74%	5.2
総資本回転率	0.64	0.58	0.9
財務レバレッジ	3.59	2.42	0.7

エ．不適切。損益計算書の構成比で、売上高原価率の低下が売上高当期純利益の増加に一番大きく貢献している。

損益計算書（要約）

	前期（第5期）（単位:百万円）	構成比	当期（第6期）（単位:百万円）	構成比	構成比増減	利益への貢献
売上高	2,650	100.0%	3,100	100.0%	0.00%	
売上原価	2,000	75.5%	2,240	72.3%	−3.21%	○
売上総利益	650	24.5%	860	27.7%	3.21%	
販売費及び一般管理費	580	21.9%	620	20.0%	−1.89%	○
営業利益	70	2.6%	240	7.7%	5.10%	
受取利息・配当金	26	1.0%	50	1.6%	0.63%	○
支払利息	55	2.1%	45	1.5%	−0.62%	○
経常利益	41	1.5%	245	7.9%	6.36%	
税引前当期純利益	41	1.5%	245	7.9%	6.36%	
法人税等	16	0.6%	98	3.2%	2.54%	
当期純利益	25	0.9%	147	4.7%	3.80%	

オ．適切。流動比率は改善している。

	前期（第5期）	当期（第6期）
流動比率	116.43%	131.76%

●編著
ビジネス・キャリア®検定試験研究会

＜２級＞
●監修
山田　庫平
明治大学 名誉教授
●監修協力
長屋　信義
産業能率大学 情報マネジメント学部 教授
前田　文彬
英国国立ウェールズ大学 経営大学院 教授

＜３級＞
●監修
清松　敏雄
多摩大学 経営情報学部 准教授
●監修協力
渡辺　智信
渡辺智信公認会計士事務所 所長

・本書掲載の試験問題及び解答の内容についてのお問い合わせ
　には、一切応じられませんのでご了承ください。
・その他についてのお問い合わせは、電話ではお受けしておりま
　せん。お問い合わせの場合は、内容、住所、氏名、電話番号、
　メールアドレス等を明記のうえ、郵送、FAX、メールにてお送
　りください。
・試験問題については、都合により一部編集しているものがあり
　ます。
・問題文及び解説文において適用されている法令等の名称や規
　定は、出題時以降に改正され、それに伴い正解や解説の内容
　も変わる場合があります。

ビジネス・キャリア®検定試験過去問題集　解説付き
財務管理　2級 3級

初版1刷———　平成30年6月
初版2刷———　令和3年7月

編著————— ビジネス・キャリア®検定試験研究会
監修————— 山田 庫平　清松 敏雄
発行————— 一般社団法人 雇用問題研究会

〒103-0002　東京都中央区日本橋馬喰町1-14-5　日本橋Kビル2階
TEL　03-5651-7071
FAX　03-5651-7077
URL　http://www.koyoerc.or.jp

ISBN978-4-87563-704-2

本書の内容を無断で複写、転載することは、著作権法上
での例外を除き、禁じられています。また、本書を代行
業者等の第三者に依頼してスキャンやデジタル化するこ
とは、著作権法上認められておりません。